# 居住福祉研究㉚ 提言 新型コロナ危機と居住福祉の課題

JN085273

# 日本居住福祉学会のご案内

## 〔趣 旨〕

　人はすべてこの地球上で生きています。安心できる「居住」は生存・生活・福祉の基礎であり、基本的人権です。私たちの住む住居、居住地、地域、都市、農村漁村、国土などの居住環境そのものが、人々の安全で安心して生き、暮らす基盤に他なりません。

　本学会は、「健康・福祉・文化環境」として子孫に受け継がれていく「居住福祉社会」の実現に必要な諸条件を、研究者、専門家、市民、行政、企業等がともに調査研究し、これに資することを目的とします。

## 〔活動方針〕

(1)居住の現実から「住むこと」の意義を調査研究します。

(2)社会における様々な居住をめぐる問題の実態や「居住の権利」「居住福祉」実現に努力する地域を現地に訪ね、住民との交流を通じて、人権、生活、福祉、健康、発達、文化、社会環境等としての居住の条件とそれを可能にする居住福祉政策、まちづくりの実践等について調査研究します。

(3)国際的な居住福祉に関わる制度、政策、国民的取り組み等を調査研究し、連携します。

(4)居住福祉に関わる諸課題の解決に向け、調査研究の成果を行政改革や政策研究に反映させるように努めます。

---

### 日本居住福祉学会　事務局・入会申込先

〒945-1195　新潟県柏崎市藤橋1719
　　　　　　新潟工科大学工学部工学科
　　　　　　黒木宏一研究室内
　　　　　　Tel & Fax: 0257-22-8205
　　　　　　E-mail: kurogi@niit.ac.jp
　　　　　　http://www.geocities.jp/housingwellbeing/
　　　　　　郵便振替口座 : 00820-3-61783
〔年会費〕正会員 7,000 円、学生会員 3,000 円、法人会員 10,000 円、賛助会員 (1 口) 50,000 円

# 新事務局長就任のご挨拶

黒木宏一(新潟工科大学)

**会員の皆様**

　前事務局長の野村恭代先生の後任として、今年度6月から新事務局長となりました、新潟工科大学の黒木宏一です。

　居住福祉学会へは2011年に入会し、その後、会員管理の業務、理事として本学会に関わらせていただいております。

　専門は建築学(建築計画)で主に高齢者施設の居住の質を高める研究、高齢者の生活の質を高める地域環境についての研究を続けています。その中で、居住の質や暮らしの質を論じる際に、定量的・定性的な分析を行ってきましたが、故早川先生の居住福祉の概念は、これまで進めてきた研究の基盤となるもので、改めてこれまで行ってきた研究と居住福祉学会の目指すものとの繋がりを再認識しています。

　居住福祉学会は、居住や福祉というテーマを横断的に繋げる、また、繋がる学会として、研究者はもとより、現場の実践者、行政など、その分野や立場は様々ではあるものの、共通した価値観、目指すべきものを共有しながら活動を続ける、他の学会とは少しカタチが異なる学会です。多様な立場の会員の方が関わることで、居住福祉の幅やこれからの社会における概念の展開へもつながり、とても有意義な「場」として学会が機能しているようにも思えます。

　また、昨今の新型コロナウイルスの影響で、世界的に様々な格差から生まれる課題が浮き彫りにされています。また格差だけでなく、これまで普通に暮らしてきた人々が、突然に住まいを失う、また暮らしの糧を失うといった、当たり前であった安定した暮らしが突然揺いでしまうという事態も起こっています。こうした社会であるからこそ、改めて居住福祉の意味や重要性が認識されるべき状況にあるかと思います。

　こうした居住福祉学会の事務局を担うことに、大変責任を感じておりますが、少しでも会員の皆様に有用な学会となるよう、微力ではありますが、これから尽力していきたいと思います。何卒、よろしくお願いいたします。

巻頭言

# 災害時の居住課題に支援の連携を

栗田暢之(認定特定非営利活動法人レスキューストックヤード・代表理事)

　これまで50箇所以上の災害現場に携わってきた立場から、災害と居住は、暮らし再建の原点であり、根本問題であることを肌で感じている。避難所などでの足湯や物資配布などで聴こえてくる声は、当初の「命が助かっただけで感謝」から、やがて、「この先どうなるか不安」という現実に苛まれる言葉に変わっていく。「あの時死んでいた方がよかった」との絶望的な言葉を聞くことも少なくない。

　昨年(2020年)熊本県を中心に甚大な豪雨水害が発生した。2階まで浸水したお宅も多く、家屋を残すかどうか、そもそも残せるのか。残せたとしても、過疎が進む中、地域で唯一の商店も被災するなど、まちの機能も失われ、生活が成り立つのか。再建にはお金がいくらかかるのか、次の災害でも同じことが起こらないか。家族でも意見が分かれているなど、悩み苦しんでおられる。

　ボランティアは、主に泥出しや家財の運び出しなどを手伝うイメージがあるが、昨今は、床下や壁はがし、ブラッシング、消毒、乾燥までの一連の作業を担う専門NPOも増えてきた。過去には、リフォーム代が200万円安くなった事例もあり、暮らし再建は、結局「お金」の問題と直結する。いくらもらえて、あといくら必要かの足し算と引き算は深刻だ。ここで重要なのが公的支援だが、応急仮設住宅や災害公営住宅の入居要件、被災者生活再建支援金や公費解体などの制度の存在すらもよくわからない。加えて、行政による説明資料はおおよそわかりにくい。そこで、弁護士会や建築士会らと組んで、「家の相談会」も実施したりする。その際、炊き出しやサロンを行うと、人と人との会話から、気持ちだけでも少し楽になったという安堵の声も聞く。

　私たちにできることは限りがあるが、被災者一人ひとりに目を向け、急かさず、丁寧に、せめて絶望感からは解放され、明日への希望につながるような支援を今後もめざしたい。可能なら、こうした取り組みに居住課題に詳しい専門家との連携が広がればと願っている。

# 大衆社会を襲ったコロナ禍と居住福祉学

神野武美（日本居住福祉学会副会長）

　コロナ禍に対する政治の動きを見ていると不思議な気分になる。対策の遅れへの批判や、医療現場を担う医師会や自治体から政策提案があっても、為政者側からの反応は鈍く、納得できる説明もなく、「やらない理由」を探すばかりに見えてしかたがない。いろんな知恵を結集し前向きに解決策を探ろうとする真摯な姿勢がまるで見えないのである。

## Ｉ　不可解な対策はなぜ？

　首をかしげるような対策の一つは、国内の全世帯に布マスクを 2 枚ずつ配る、いわゆる「アベノマスク」である。安倍首相は、側近の官僚から「全国民に配れば不安はパッと消える」と言われ、2020 年 4 月 1 日に発表した。アベノマスクに数百億円が費やされたが、過去の大災害で支援の拠点の倉庫に不要な物資が山積みになっている光景を思い出した。災害支援に必要な物資が、時間の経過とともに変化するのは、災害対策の基本の中の基本である。

　国交省が、「GoTo トラベル」の開始を 7 月 21 日に早めたのも不可解であった。本来は感染の流行終息後のはずだ。まずは、正確度に多少の問題があっても感染の有無を判定する PCR 検査を増やして陽性者の一時隔離を進める。感染拡大の震源地となる盛り場の一時休業を促し、流行の芽を早期に摘むことを優先したほうが、旅行の早期再開に結びつくと考えるのがふつうであろう。ところが、小池東京都知事が、感染拡大の第 2 波が襲うなかで「冷房と暖房を両方かけるようなもの」と矛盾を突くと、政府は、感染拡大を理由に東京都を対象から除外した。その後、10 月 1 日には東京都も対象となり、感染は全国的に猖獗を極めたにもかかわらず、年末になってようやく一時停止したのである。論理的に破綻しているとしかいいようがない。

　休業や売り上げの減少が著しい事業者を救済する「持続化給付金」の事務が、広告代理店電通と関係の深い一般社団法人に「丸投げ」されたのも不可解

であった。情報公開法が適用されない一般社団法人を一枚挟むことで情報の開示請求を免れるためと疑われても仕方がない。この法人から電通が仕事を受託する形だったようだが、1970年代政界を騒がせた田中金脈事件の「ユーレイ企業」を思い出させるやり方である。

　保健所に業務が集中し繁忙を極める「目詰まり」も解消されなかった。PCR検査を受けられなかったり、陽性と判明しても入院や隔離先が決まらず自宅待機を強いられたりしている。PCR検査数が諸外国と比べて圧倒的に少ないことについても「陽性が増えるので医療崩壊を起こす」といった「やらない理由」ばかりで、「どうすべきか」という前向きの議論が行われないのである。コロナ感染症の治療にあたる医療機関が経営危機に陥り、コロナ患者の治療や看護にあたる医療従事者の給与が減らされる事態に対する動きも鈍く、不可解なことは枚挙に暇がない。

　これらを「政治の貧困」と一刀両断にするのは簡単だが、根深く構造的な問題である。世界は1918~20年に「スペイン風邪」というパンデミックに襲われた。その死者は2000万人とも4500万人ともいわれ、日本でも74万人（うち内地が45万人）の死者を出した。第1次世界大戦に参戦した兵士が媒介して感染を拡大させた。しかし、この時、大不況が訪れたわけではなく、すぐに忘れ去られた（速水融『日本を襲ったスペイン・インフルエンザ』藤原書店、2006、430-436頁）。

　それから約100年後のコロナ禍は、スペイン風邪と比べれば、感染者数も死者数もまだ少ないが、世界は経済的・社会的に深く結びつくようになった。感染対策として渡航禁止や営業停止、市民の外出自粛が実施され、人の移動や商店等への来訪者の大幅な減少となった。世界経済の"歯車"に急ブレーキがかかり、生産の減少、観光客の激減、企業経営の悪化、失業や貧困の増加という経済危機がやってきた。

　今日の大都市は、拡大とともに人と人との関係が密接となり、いっそう物理的な「密集」が作り出されている。感染症という「病」が広がりだけでなく、地震や水害などの災害の影響も、社会の仕組みが分業化・複雑化・有機化したことで失業や倒産などで多くの人が「生きる手段」を失うことに直面するようになった。大都市の住民の生活基盤は驚くほど脆弱なのだ。

## II　超デモクラシーと「満足しきったお坊ちゃん」

　世界は、スペイン風邪の前後から大きく変化した。「大衆社会」が出現し、第二次世界大戦を経ても、それが世界をますます覆うようになった。コロナ禍における混乱も大衆社会の状況と密接な関係がある。

　スペインの哲学者オルテガ・イ・ガセット（1883-1955）は約90年前、大衆社会の視覚的な一側面を「密集」・「充満」と表現し、「都市は人で一杯である。家々は間借り人で、ホテルは宿泊客で、列車は旅客で、カフェーはお客さんで、道路は通行人で溢れている……かつては難しくなかったことが、いまではほとんど常に問題になりつつある。すなわち、空いた場所を見つけるということだ」（『大衆の反逆』「原著1930年刊」、佐々木孝訳、岩波文庫、2020。64頁）と述べた。大衆社会は都市でおきる現象なのである。新型コロナウイルスは、東京や大阪のような世界中の「密集」・「充満」の状況にある都市を襲い、とくに「3密」（密閉・密集・密接）の条件がそろう大都市は感染症流行の震源地となった。

　大衆社会では、「大衆が社会的権力の前面に躍り出」（『反逆』63頁）て、「自分たちがカフェーで話題にしたことを他に押しつけ、それを法としての力を付与する権利があると信じ」（同73頁）るようになる。「寛大で民主主義的な霊感から発した平等への権利は、熱望や理想ではなくなり、欲求や無意識の前提へと変化」（同81頁）する。オルテガは、民主主義の中の大衆の行動が及ぼす危険な状況を「超デモクラシー」と名付けたのである。

　民主主義はもともと、厳しい規律を自らに課した少数者の政治家が「綱領」を提案し、大衆の役割は、普通選挙で、少数者があれこれ提示した決定を支持することだった。オルテガは、大衆が勝利した地中海諸国を観察し、「政治的にはその日暮らし」となり、「大衆の一代表者に公権力を握られ、大衆は、すべての反対勢力を消滅させてしまうほど強力になった」（同116頁）とその変質を指摘した。イタリアのファシスト政権（1922年に組閣）を意識したのであろう。

　また、19世紀以来の近代文明には「平均人が苦悩することなく、有り余った手段のみを受け入れて豊かな世界に住みつくことを可能にする性格」があるとし、「快適さを保障してくれる種々の権利に囲まれ」、凡庸で「満足しきったお坊ちゃん」が隆盛を極める、と警告した（同188-9頁）。

　太平洋戦争後、米国を中心に「高度大衆消費時代」（W・W・ロストウ『経済

成長の諸段階』木村・久保・村上訳、ダイヤモンド社、初版 1961、増補版 1974、第 6 章参照)、すなわち「豊かな社会」が到来した。米国は、独立戦争以来の民主主義の原則を大切にし、大衆は、大統領選挙や上下両院議員選挙の度に、民主、共和の 2 大政党が練った政策綱領のいずれかを選択した。しかし、朝鮮、ベトナム、イラクと戦争を続ける中で「豊かな社会」は劣化し、人種差別や格差拡大、医療保険制度の脆弱性、主力産業の衰退などの矛盾が露呈し、民主主義への信頼が揺らぎ始めた。近年は、政敵を口汚くののしるネガティブキャンペーンで大衆を扇動し、宗教勢力を取り込んで票を集める「超デモクラシー」の様相である。

　広告・宣伝、マスメディアの報道、最近では SNS が大衆への影響力を強め、超デモクラシーを増幅しているが、科学技術のあり方にも問題がある。「高度大衆消費時代」の生産力を支えたのは科学技術の発展であり、大衆はそれに乗って豊かな消費生活を享受した。しかし、科学技術は、高度化・専門化・細分化の傾向を強め、環境などの人の「生」に貢献する研究が進む一方で、核兵器などの軍事研究、個人や企業を監視する情報技術なども急速に発展した。

　オルテガは「現代の科学者は大衆化した人間の典型である」(『反逆』同 199 頁)、「総合的な文化を遠くに追いやり……熱心に研究している極小部分しか知らない人間」(同 201 頁)と見下した。求めていたのは、社会や人間の心が組み込まれた 18 世紀の「百科全書派」のように総合的・体系的に考察する知であった。

## III　受苦に寄り添う臨床の知

　科学技術のあり方を批判した哲学者に中村雄二郎(1925-2017)がいる。「私たち近・現代人は、近代科学の分析的な知、機械論的な自然観にもとづく知によって、事物や自然をひたすら対象化し、事物や自然の法則を知ってそれを支配し、それに働きかけようとしてきた。そうすることによって、人間の支配圏と自由を拡大しようとしてきた」。その結果は、「現実や自然から人間は手きびしいしっぺ返しを受けること」になり、「否応なしに多かれ少なかれ受動の立場、受苦の立場に立たされることになった」と指摘した(中村雄二郎『パトスの知　共通感覚的人間像の展開』筑摩書房、1982。34-35 頁)。

　科学技術は、食糧の増産、医薬品など医療の充実といった、人の「生」の前提条件を豊かにはしたが、それは、人間の強さを前提とした「能動の知」によ

るものであって、人の弱さや苦しみに寄り添うものではなかったというわけである。

　中村は『臨床の知とは何か』(岩波新書、1992)では、「近代科学によってとらえられた現実とは、基本的には機械論的、力学的に選び取られ、整えられたものにすぎない」(同7頁)とし、「近代的な科学・技術による自然資源の開発・資源化が、利潤追求と効率至上主義のために著しく自己目的化した」(同17頁)とした。

　その中村は「生活世界」に注目した。それは「人間の生＝日常生活を成り立たせている具体的な世界」(同28頁)であり、かつ「直接に経験できる根源的な明証性の領域」(同34頁)にある基底的なものであり、それは実践と深く結びつき、直感と経験と類推の積み重ねから成り立つ。中村はそうした知を「臨床の知」と定義した。

　「今ではわれわれ人間の生活環境は、自然的にだけでなく、社会的にも、精神的にも、危険に充ちたものになった。われわれにとって痛みや苦しみを被る機会が多くなり、病いや死の脅威もいっそう大きくなってきた。いいかえれば、誰もがほとんど例外なく、〈受動〉の立場、〈受苦〉の立場、〈パトス〉の立場に立たされるようになった。ところが、そのような事態に対してわれわれ現代の人間〈文明社会〉の人間は、およそ不用意であり、それに対する知を欠いていた」(同131-132頁)

　われわれの頭上には、ギリシアの説話「ダモクレスの剣」が吊り下げられている。人類滅亡に直結する「核」の問題、地球温暖化と連動する災害の危険の増大、脆弱な大都市を襲う大地震の恐怖がそれらである。こうした問題を解決に導くのは、人間の弱さや「受苦」に寄り添い、人々の暮らしを直視する知であり、コロナ禍との戦いは、世界が抱えた問題との闘いの前哨戦であり、総合的な知としての「臨床の知」を確立しなければならない。

## Ⅳ　対話不能な「やってる感」

　政府の「不可解な対応」は、戦後日本の科学の知、能動の知を原動力に高度経済成長を実現してきたことの限界という本質が表面化したと見るべきである。為政者の頭の中には、財政を使った景気対策や業界支援、せいぜい「思いつき」程度しかなく、「受苦」に寄り添う「臨床の知」を追求する動機すら見い

だせない。

　元鳥取県知事の片山善博・早稲田大学教授は、「東京都とも専門家とも対話ができない政権」というタイトルで、「専門家の知見を聴き、それを経済や財政など他の諸要素と統合し、具体的な施策として打ち出すという政治過程が欠落している」(『世界』2020年9月号、岩波書店、88頁)と指摘した。多方面の専門家、とくに医療の現場、実務を担う自治体との対話が不十分なままでは、感染症に対する総合的な政策を創り出すことはできない。

　小池知事の言葉尻を捕まえて、東京都をGoToトラベルから除外した「あまりにも子どもじみてなさけない」対応にも、政治的な動きしかできない政権の性格が垣間見える。小池知事が行った「東京アラート」の発動も、吉村大阪府知事の「ポピドンヨードのうがい薬がコロナに効く」発言も、マスコミと大衆に話題を提供し、「やってる感」を演出する「政治的な意図」アリアリであり、日本の政治もすっかり「超デモクラシー」である。

　このような状況の裏に、政治家らが支持母体の利益を最優先にしてきた日本独特のムラ構造が見える。利益集団どうしが争ったり、利害を調整し合ったりして生き延びようとする世界である。片山氏が「帝国陸海軍は互いに死力を尽くして戦い、その余力を持って米英に当たる」(『世界』前出)と皮肉った戦前からの閉鎖的なムラ体質が、固い岩盤を形成しているのである。原子力、ダム中心の河川工学などが典型だろう。細分化した科学もこうした構造に組み込まれ、さらに社会科学や人文科学など学問全体に広がっている。メディアや研究者らが、コロナ政策の専門家会議の議事録公開を求めても政府側は極めて消極的なこともこうした構造のなせるわざである。

## Ｖ　イノベーションと依存効果

　日本経済は20世紀終盤ごろから不振が続いている。加えて2011年3月の東日本大震災と東京電力福島第1原子力発電所の過酷事故、地球温暖化の影響と指摘される強烈な台風の襲来、豪雨災害、そしてコロナ禍と続発する「不測の事態」にみまわれ、それらと連動するかのように成長はさらに鈍化し、賃金も低下した。企業経営は「選択と集中」と「人減らし」によるコストカットに収益を求める傾向が強まり、基礎から積み上げるような新しいものづくりは軽視された。それによって生じた「余剰人口」は、第三次産業、とくにサー

ビス業などの分野に流れ込み、多くの貧困を生みだはってしている。

　経済学者シュンペーター（1883-1950）は『経済発展の理論』（原著第2版は1926年。翻訳は塩野谷祐一、中山伊知郎、東畑精一、岩波文庫、1977、第7章参照）で、本来の資本主義は、新しい発想を持った「企業者」による「創造的破壊」を伴う「革新」（イノベーション）によって利潤が生まれ、経済は発展するとし、そうした企業者を支えるのは、失敗を恐れずに資金を提供する「銀行家」であるとする発展理論を提唱した。

　しかし、イノベーションが常態化すると、「（企業経営を管理する）職員は不可避的に官僚的性格をおび」、企業活動の進歩自体が「自動機械化」し、「経済進歩の停止とほとんどおなじぐらいの影響を与える」（シュンペーター『資本主義、社会主義、民主主義』原著は1942年。翻訳は中山伊知郎・東畑精一、東洋経済新報社、1962年、238頁）とも述べている。

　今日の日本はまさにこうした状況下にある。活力を取り戻すには、根本的な転換、つまり、旧来のやり方とは「不連続」になることが必要だが、政府も国民の多くも、輸出や国内では新築住宅建設促進や新幹線や高速道路の建設といった景気浮揚策による旧来の成長パターンに固執している。

　矛盾は蓄積し、限界に達しつつある。大都市とその周辺には、マンションや住宅、ビルの新築、地下鉄や新幹線の新設に投資が集中した結果、過密化に拍車がかかり、緑の少ない空間の中の狭小で高価格・高家賃の住宅、災害時の大混乱が推測されるタワーマンション、遠距離通勤といった窮屈で苦痛を伴う住生活の負の側面も再生産されてきた。コロナ禍において都心の繁華街が営業を「自粛」しても、人々は近隣の商店街で「密」を形成したり、閉塞感に耐えきれず郊外や地方にレジャーに向かったりして感染を拡散させている。しかし、政治には、大都市、とくに東京への集中に歯止めをかける意思は微塵もない。

　本田浩邦・獨協大学経済学部教授は、『世界』2020年9月号「可視化されたベーシックインカムの可能性」（岩波書店、110-113頁）で、J.K. ガルブレイス（1908-2006）が『ゆたかな社会』（原著初版は1958年。鈴木哲太郎訳、第2版岩波書店、1970）で示した「依存効果」という概念をベースに「過剰消費社会」からの脱却を唱える。

　「依存効果」とは「生産はそれ自体の欲望をつくる」ことである。企業は、宣

伝を通じて新製品を売り出して常に消費者の欲望を刺激する。商品あふれる「高度大衆消費時代」は「成長と生産が優位」にあるため、「私的投資が公共的投資を圧迫し、公共的な社会領域が弱体化する……社会は生産面で高度に発展したにもかかわらず、教育費や医療費は高く、道路、公立病院、図書館、公園、福祉は貧弱」といった社会的アンバランスをつくりだす。

　と同時に「生産優位の経済システムの根幹には、すべての人が働いて所得を得ることを基本とする『完全雇用体制』」があり、それを維持するため「たえず新たな欲望をつくり出さねばならない」という無限の悪循環に陥ると指摘した。慢性的な過剰供給体質の経済下では、企業内のイノベーション（技術革新）で労働生産性が上がると、労働力の需要はその分減殺され、賃金が押し下げられ、「経済の基本的ニーズからみて必ずしも必要のない労働」が膨張する。

　解決策の一つと目されているのが「ベーシックインカム」である。大雑把に言うと、「完全雇用」を実現しなくても、国民一人ひとりに「働かなくても」一定の所得と生活を保障するものである。ただ、そうした数学的・統計的な計算だけで問題が解決されるとは思えない。過密化した大都市や過疎化する地方が抱える問題解決のために多くの人々が働く必要がある。

## VI　強力な磁石のような大都市

　ものづくりの現場では、機械や原料といった生産手段や商品となった産物などモノが媒介となって人と人とを結びつける。それに対し大都市では、人同士の接触それ自体が「価値（交換価値）」を生み出す。それらは「経済の基本的ニーズからみて必ずしも必要のない労働」かもしれない。飲食業やホテルは価値を生み出す場を提供し、劇場や放送局は「文化」を生産し発信する。同じ品質の商品でも、大都市自体が大きな消費市場という強みがあり、大都市のメディアによる広告・宣伝・報道により、それ以外の地域のモノよりよく売れる。今日の大都市は、強力な磁石が引きつけ合うように人やモノ、情報を集めて止まない。

　一方、地方都市に多いものづくりの現場は、国際分業体制が進展すると、それ自体が賃金の安い海外に移動し、競争に負けて淘汰されるという危険にさらされる。米国のラスト・ベルト（錆びた工業地帯）はその典型であり、日本においては、農業はコストの低い海外に太刀打ちできず、食料自給率の低

さとなって現れ、耕作放棄地が広がり、手入れがなされず荒廃した山林や過疎地が広がっている。

　もう一つの矛盾は、空き家の増加の一方で新築住宅やマンションの建設ラッシュが止まらない形で現れている。新築住宅は、画一的な工業的な技術で建設でき、中古住宅それぞれの形状に合わせて修復するより、労働力の投入が少なくて済み、低コストである。その結果、伝統的な技術は継承されず、大工職人の技量の低下を招くことになる。それは農業も同じで、経験に裏打ちされた労働者、職人、農家の技術の喪失という人的資源の枯渇につながっている。短期的な「価格」というモノサシで経済競争の勝敗を決めることで生じる矛盾である。

## Ⅶ　コロナ禍が生み出す新しい知

　ただ、コロナ禍は、「受苦」に対処する「知」のあり方を問い、新しい可能性を開く契機になる。人々が「密集」「充満」を避けるようになるからである。例えば、テレワークは、人々の住居への選択の自由を広げる。企業が従業員の労働時間をコントロールしにくくなり、通勤時間も含めてその束縛から解放する。同時に企業自体も大都市に集中する必要性も低下し、大都市の「磁石」の力も弱まる。そんな可能性を生かせれば、日本社会にあっても、それぞれの地域社会が独自性を発揮した多極分散型のネットワーク社会が実現されていくだろう。

　設備投資が、従来通りの「人減らし」や効率向上を目指せば、苦境は継続する。「知」や「技術」に対する考え方が根本的に変わらなければ、この矛盾からの脱出は不可能である。人や環境の「受苦」に対応した新しいニーズに対応して「創造的破壊」が求められている。

　地域社会において大工の棟梁は、昔から個々の住宅の状態に合わせた修繕や耐震性を高める「リノベーション」を行ってきた。そのような力量ある人材の仕事を評価すれば、スクラップ・アンド・ビルドによって生じる物質的な資源の浪費を防ぎ、「居住福祉」の住環境を実現し、地方の美しい町並み景観を遺し、開発による自然破壊も防止できる。「物量」ではなく、人の労働力能を高める、「人を活かす」戦略が新しい価値を産み出すのである。

　コロナ禍のさなか、日本のIT化の遅れが顕著となった。それは技術そのものより、総合的に問題に取り組むシステムの構築ができていないからであ

ろう。情報隠しや情報の独占を図るような機関に有用な情報は蓄積されないし、市民の信頼も得られない。

　企業が「労働生産性」という「モノサシ」だけで技術革新(イノベーション)をすれば「技術的失業」を生むだけの「人減らし」にすぎない。ムラ構造を引きずっているのは、科学技術分野の専門家だけではない。裁判官や法律家は、自立した個人を前提とした「近代」的な法理論に固執し、「受苦」に寄り添う姿勢を欠き、大学は、ますます専門化・細分化し、研究者らの思考は「数学化」した自分の分野に閉じこもり、大学自体がセグメント化した研究の集合に過ぎなくなる。学生や市民、政府関係者らの視野を広げる努力を放棄し、ロックアウトしたまま、コロナの嵐が過ぎ去るのを待つばかりである。

## Ⅷ　居住福祉学——「生活世界」の総合的な知

　居住福祉学は、「受苦」の現場に寄り添う「臨床の知」であり、数学的・演繹的な知のみに頼らず、経験と歴史を大切にする「生活世界」の総合的な知である。早川和男が論じた「空間価値」(『空間価値論』勁草書房、1973)とは、市場原理に基づく商品の交換価値のことではなく、人や自然の「生」が生み出す「空間の使用価値」のことである。「居住福祉資源」は、モノや情報のフローに注目するのではなく、歴史に裏付けられたストックを重視する概念である(『「居住福祉資源」の思想』東信堂、2017)。

　居住福祉学会に結集するのは、建築、福祉(高齢者、障害、児童)、環境、医療・看護、地方自治、まちづくり、法律、経済などの実務家、研究者・識者、「居住福祉産業」に取り組む企業人、人権に取り組む市民活動家、文化人、それに「生活」に密着している一般市民である。活動はすべて「生活世界」に深く関係している。けっして、支出ばかりが増える「儲からない世界」ではないし、旧来の科学技術や専門知識をただ単に「お払い箱」にするものでもない。「知の組み換え」により新規の活用の場を見つけ出し、新しい社会・経済につなげていくものである。

## Ⅸ　具体策は？

　以上のような考え方に基づいて、コロナ禍に対する居住福祉関係の具体策の概要を5項目にまとめてみた。

### ①収入の補填と給付　住居の提供

生活困窮者及び介護の必要などによる居住困難を抱える個人に対し、手続きを簡素化し申請から決定・支給までの処理期間を明示し、早急に現金の支給、又は生活の維持に必要な住居を提供するための「居住の権利」に沿った法制度と救済のシステムを構築する。

### ②家賃政策

住居及び生業に関わる家賃等の支払いを猶予する。むろん家主の経営破綻を防ぐための無利子融資などは必要だが、補償と責任は店子、家主、公共機関の三者で分担する。新しい産業分野への転業や、地方への転出などで大都市の過密化の緩和に寄与する経済主体を手厚く支援する。

### ③大都市圏での建築規制

大都市圏では、新規の宅地開発、タワーマンションの建設等を抑制し、空き家の再生、「リノベーション」、老朽家屋の建て替えのみを認める。一般住宅や狭小店舗、福祉事業所、NPO 等は除き、オフィス、高級住宅への課税を強化する。居住者の「住み続ける権利」を最優先とし、家賃補助と組み合わせて、既存住宅の改良への投資を支援する。

### ④緊急雇用の実施と地方への移住支援

勤労者を救済する緊急雇用を実施する。勤労者個人だけを対象とせず、企業丸ごとの転業、当該企業からの派遣も認める。検査や待機期間の設定などをして感染者の拡散を防ぐ対策をしたうえ、遊休農地の開墾、間伐材の収集運搬、空き家や老朽化した公共施設の改修・取り壊し、サテライトオフィスの新設、農家等の IT 化などの仕事を用意する。当面は、観光客が激減したホテルや旅館、保養所、雇用促進住宅等に寄宿してもらうが、空き家の利・活用を進めるなど地方で永く暮らすための条件整備に投資する。

### ⑤住宅の改善に財政資金の投入を

巨大開発に向けられていた公共投資を転換し、一般住宅の改善に財政資金を投入する。「冬季室温 18℃以上」という WHO（世界保健機関）勧告（住宅と健康のガイドライン、2018 年 11 月）を満たす日本の住宅は約 1 割という状態を解消するには、住宅の改善と家賃補助がセットになることが有効であり、空き家の改修・活用にもつながる。

**特集：提言　新型コロナ危機と居住福祉の課題**

# コロナ禍の災害復興で求められていること
## ——岩手県岩泉水害調査を機縁として
吉田邦彦（北海道大学法学研究科教授）

## I　はじめに——中山間地水害被災地調査の経緯

　2000 年代の私は、故早川和男先生と日本全国行脚に夢中の日々であった。岩手県の中山間地を訪れるのは、当時、沢内（西和賀町）漬けになっていてそれっきりになっていた当時以来のことである。しかし 2020 年となり、コロナ禍で、大学からは、海外出張は禁ぜられ、さしあたりは国内出張に戻って現場主義を続けるしかない。

　今回（2020 年 9 月末）初訪問しているのは、岩手県岩泉町で人口は 8700 人だが、昭和 30 年頃の大合併で、馬鹿でかくなり、ほぼ 1000 平方キロだ（東京 23 区の 1.6 倍。23 区の人口は 968 万人で、岩泉町の 1112 倍である）（こうした広大な地域は、「岩泉」「小川（こがわ）」「大川」「小本（おもと）」「有芸（うげい）」「安家（あっか）」の五地区が管掌する）。

## II　水害防災の近時の高まりと岩泉水害の特性

　秋晴れの当日には想像もつかないが、ここで 2016 年 8 月末に、とてつもないさまよい台風 10 号[1]（Lionrock と呼ばれる）が猛威を振るい豪雨で大被害が生じた（人損は、直接死が 21 名、災害関連死が 3 名、災害障害（重度障害）は 1 名。罹災世帯は、全壊 399 件、大規模半壊 192 件、半壊 211 件であり、約 430 億円の被害額である）（人口粗放な中山間の同町では、これは大被害である）。被災から 4 年後の遅ればせながらの訪問だ。2019 年にも同町は台風でやられていて、災害史上は、この町は全国的に有名になっているが、アクセスは大変だ（千歳・仙台間は 1 時間だが、盛岡から宮古までは山田線で 2 時間以上、宮古から岩泉役場まではバスで 2 時間半かかり、ゆったりと流れる「時間感覚の違い」がここにはある。しかも、閉伊川、刈屋川、小本川沿いの渓谷は素晴らしい。平時だと、まさに桃源郷だ）。

　近時の水害は、次々中山間地を襲っている（転機となったのは、2015 年 9 月の常総水害、そして翌 16 年の本水害、その後 2017 年 7 月の北九州豪雨、2018 年 7 月の西日本豪雨（とくに倉敷市真備町の水害）、2019 年 10 月の東日本台風（台風 19 号）Hagibis）被害（宮城県丸森町、長野市など）、そして今般の 2020 年 7 月の球磨川などの水害である [2]）。震災をベースとしてできあがっている被災者生活再建支援法（平成 10 年法律 66 号）は、水害対応できているのか、災害救助法（昭和 22 年法律 118 号）との関連の仮設住宅では、近時コミュニティが破壊される例が増えているがどうなのか、災害廃棄物も水害では膨れ上がるがどうなのか等、課題は山積している。

　私はこの 2 カ月にこれら数カ所を訪問したが、その時々の『地理的・地勢的特質』を捉えなければいけないとするのは、中居健一町長との面談のあとに対応してくださった佐々木重光さんであった。元宮古の消防署長の彼は、全国的な災害復興のエキスパートであり、「岩泉にこの人あり！」という方だった（同氏は、日本危機管理防災学会シンポ（2019 年 7 月）での基調講演者 [3]）。早川博士は、中山間地を回ると『傑物』に出くわすとよく仰ったが（井上英夫教授も）、佐々木さんはそうした方であると思う。

　岩泉町は、平坦なところがない。だから、遊水池に建てざるを得ないという側面もある。しかもコミュニティは古く、土地への愛着も強い。明治維新前に遡ることは、地名の珍しさ、読みにくさからも窺える。今霞ヶ関で進める水防法（昭和 24 年法律 193 号）（平成 27 年改正が重要である）上の『ハザードマップ強化』を全国一律に進めると、きしみが出ると、同氏は言われる。こういうところで、土地利用計画も含めた流域治水（総合治水）をせよと、国土交通省からトップダウンにいわれても、どうしたらよいのか。常総市（同市の場合には、平坦すぎて、逃げる高台を探すことが容易ではない）とはまた別の意味での難しさ故に、岩泉町の防災マップ [4] は見たものの、各々の地域毎の防災の必要性を痛感している（なお、仮設住宅は、東日本大震災のものが、再利用できたとのことである）。

## III　高齢者入所施設の保護のあり方

　同町では、乙茂の高齢者施設「楽ん楽ん（らんらん）」で、洪水のため、入所者 9 名全滅という点で、球磨村の千寿園水没と類似すると今もよく言及され

岩泉町役場で面談した佐々木重光さん（中央）（岩泉町危機管理監）。左が防災対策室室長の佐々木久幸さん、右が復興室室長の熊谷誠さん

る[5]。訴訟も 2018 年 3 月に八重樫信之さん（母親といとこが入所していて亡くした）らをはじめとして、経営者緑川会に対して提起され、同年 8 月に和解した（請求額は、1 億 1145 万円で注目されたが、和解額は、1 人 400 万ほどである）。これについて、当時の伊達勝見町長は、正直に「残念ながら油断していた。申し訳ない」と謝罪しており[6]、行政に対する国賠訴訟も理論的にはあり得るとの私の見解には、佐々木さんは批判的だった。

　高齢化率の高い中山間地集落で、足腰の弱った高齢者の施設をどうするかは、居住福祉学上大きな課題だ。われわれは、岩泉町の安芸支所長の千葉利光さんをその後に訪ねることにした。千葉さんはお兄さんが入所していて、関係者だったからである。しかし彼は当時防災の責任者でもあり、「らんらん」の施設スタッフには、お世話になっていたから、原告団からは外れたということだった。

## Ⅳ　課題その 1——新たな救済格差の認識

　それよりも、同氏との意見交換で注目を引いたのは、第 1 に、私がよく言う『救済格差』[7]とは別の意味でのそれだった。千葉さんの家も、2016 年の災害で全壊だった。しかし、同じ不可抗力的な津波被災者と 300 万円も支

**被災施設「らんらん」は、もう除却されていた。入所者の犠牲の原因として、その背後の老健施設「ふれんどり」と離れていたことがある**

援額が違うと言うことだった（しかも、千葉さんの家がある中島地区と隣接する小本地区とは同じ岩泉町民だから、その「救済格差」は赤裸々になる）。実際に、再建には 2500 万もかかり、支援は 400 万ほどで、退職金を充てても、二重ローンだと沈んでおられた。こういう事態をどう考えるかを、われわれは皆考えなければいけない。

## V　課題その2——災害復興支援ネットの意義

　もう一つ、第2に、同氏が熱く語ったのは、被災時に岩泉町の小川支所長をされていて、そこへの常総市（の NPO）からのいち早いカレーの給食サービス支援とか、自衛隊のお風呂のサービス支援とか、本当に嬉しく、有り難かったということである。また、ボランティアとの交流で、彼らと一緒に『炭坑節』を踊り（ホルモン鍋は、小川炭鉱があった（1933-1990）当時をしのばせる、岩泉の名物だ）、『被災者は全国の支援者からサポートされている』と感じ、またボランティア側からも、『被災者から元気をもらった』との次々の感想に、感銘を受けたということを静かに、しかし切々と訴えられたのである。

## VI　中山間地(とくに岩手)の『災害復興の好循環』──居住福祉のメッカ沢内モデルとの交錯

　そんな千葉さんもまた『傑物』と私は直感した。事は今読んでいるキャラ ブレイジ先生の本でも分析がある『連帯』『利他主義』の問題である[8]。コロナ 禍で、災害ボランティアが急落する深刻な事態であることを前に論じたが[9]、 災害を通じての連帯の好循環に、千葉さんは、感銘を伝えようとする(自ら の補償の欠如による苦難を押し殺してでも……)。

　千葉さんの話を聞きながら想起したのが、(10年ほど前までは当学会がしき りに交流した)西和賀町(元沢内村)との関係である。岩泉町と西和賀町はある 意味二重写しになる。同町の高橋典成さんは、現代社会の病理として精神 を病む人々を同町に受け容れ、そこでの滞在により、『精神健全化させる』と いうプロジェクト(「輝け『いのち』ネットワーク」プロジェクト)を立ち上げて いる[10]。私も現地調査をして、「岩手は、居住福祉資源で一杯！」との早川先 生の言葉[11]を思い出さざるを得ない。沢内の居住福祉医師の増田進さんは、 この分野では有名だが、岩泉町の中居町長の主治医として針治療を施してい るとのことで「世間の狭さ」を感じた。増田医師は、東日本大震災の津波で壊 滅的打撃を受けた田老町(現在宮古市田老地区。このエリアには、震災遺構「た ろう観光ホテル」も残されている)で頑張っておられた[12]。

## VII　おわりに──コロナ禍における『居住福祉的災害復興』の意義

　コロナ禍で、孤立的生活ゆえに精神を病む若者は続出している。そうい う悲痛な社会の病理ゆえに、千葉さんが語られる、岩手型・居住福祉的な災 害復興の捉え方に注目すべきではないか。もとよりわれわれは災害補償の制 度インフラの平準化に尽力しなければならないが、コロナ期で、「効率性・グ ローバル化一本槍」の社会システムは転機に来ており、今まさに、「余裕」「優 しさ」「ゆとり」の意義が問われているときに、災害復興における「連帯の居住 福祉上の意義」を真剣に考えるべきだと切に思う。岩手に災害調査に来て、「癒 やされる思い」をするのは、私だけでないだろう。

　2020年代にいるわれわれは、コロナ・パンデミックの時代に突入し、同 時に地球温暖化による災害、とくに水害は如実に急上昇し、居住福祉の目玉

**宮古市田老地区に残る震災遺構「たろう観光ホテル」**

である『災害復興』においても、先の見えない閉塞感が充満している。そうし
た中で、岩手訪問による居住福祉型復興には、光明を見る思いであり、敢え
て、事例報告型現場主義の叙述から、この時代の隘路克服のヒントをお見せ
できたならば、幸いである。

　現地案内をしてくださった防災対策室長の佐々木弘幸さんのセンスの良
さ、気配りにも、同町の将来の明るさを見る思いであり、同氏のご配慮には、
最後に心より感謝申し上げる。

**注**

1　2016年台風10号は、異例な台風で、日本の南海洋を西進しUターンする過程
　　で発達し（8月21日には、992hPaだったが、同月28日には、940hPaになってい
　　る）、30日午後5時半頃に岩手県大船渡市付近に上陸した。その後北海道南富良
　　野町などで被害を出したのも、この台風である。

2　これについては、吉田邦彦「2020年7月豪雨（とくに熊本南部水害）の諸問題
　　──地球温暖化時代の水害復興法学のあり方」『協同の発見』334号（2020）141頁

以下参照。

**3**　佐々木重光「災害に学び災害に備える台風第 10 号災害の教訓から」日本危機管理防災学会監修『土砂・水災害への備え　オリエンタルコンサルタンツ、2020』13 頁以下。

**4**　岩泉町危機管理課・岩泉町身近な防災マップ――『みんなで築こう防災・減災の町』(ゼンリン盛岡営業所、2018)。それには、2016 年 8 月の水害エリア、津波危険エリア、緊急避難場所などが書き込まれている。

**5**　例えば、『朝日新聞』2020 年 9 月 1 日 20 面(道内版)(「早期避難徹底することが大事――7 万 7964 水害の恐れある福祉・医療施設」(2020 年 1 月現在で避難確保計画を作ったのは、3 万 7659 施設にとどまる)(東野真和執筆))。

**6**　『日経新聞』2016 年 8 月 31 日(「9 人死亡の岩手・岩泉町、避難指示出さず　台風 10 号」)。8 月 30 日午後 2 時に町役場北側地区には避難勧告が出されたが、東側地区には出されていなかった。

**7**　それは、例えば、野口定久＝外山義＝武川正吾編『居住福祉学』(有斐閣、2012) 287 頁以下、とくに 296 頁(吉田邦彦執筆)また、吉田邦彦『民法学と公共政策講義録――批判的・横断的民法のすすめ(具体的法政策学)』(信山社、2018) 182 頁以下に示す「救済格差」で、福島放射能被災者と宮城・岩手の津波被災者との救済格差である。

**8**　See, Guido Calabresi, The Future of Law and Economics (Yale U.P., 2016) chap. 5.

**9**　吉田・前掲(注 2) 154 頁、157 頁参照。

**10**　高橋典成＝金持伸子『医療・福祉の沢内と地域演劇の湯田』(居住福祉ブックレット 17)(東信堂、2009)とくに、66 頁以下。

**11**　同博士の居住福祉資源論については、さしあたり、早川和男『「居住福祉資源」の思想――生活空間原論序説』(東信堂、2017)参照。また、神野武美『「居住福祉資源」の経済学』(居住福祉ブックレット 18)(東信堂、2009)が、理論的には興味深い。

**12**　例えば、太田祖電＝増田進ほか『沢内村奮戦記』(あけび書房、1983)、鎌田實＝増田進ほか『命が危ない医療が危ない』(医歯薬出版、2001)、増田進『森の診療所の終の医療』(講談社、2009)参照。

**特集：提言　新型コロナ危機と居住福祉の課題**

# コロナ禍で露わになった日本の医療の構造的問題
## ——給料「未払い」のメカニズム

山路克文（鈴鹿大学教授）

## I　「国民皆保険」下のコロナ問題

　現在生きている多くの人々にとって、コロナ禍はまさに「未知との遭遇」のようである。2011（平成23）年の東日本大震災・福島原子力発電所爆発では「想定外」という言葉が席巻し、責任を転嫁していく政治家や権力者の姿を見た。今回のコロナ禍では「自粛」という言葉が強制[1]を伴うように多用され、ひいては差別、偏見、排除を生み出す温床にもなっている。

　この小論においては、コロナ禍によって見えてきたわが国の医療提供体制の構造的問題に注目して、国民目線からその論点を抽出してみたいと考えている。

　コロナ禍により、医療現場が過酷な状況になっているであろうことは、過去にMSW（医療ソーシャルワーカー）として医療に従事した経験がある者として推測に余りあるものがある。コロナ禍において顕在化した医療問題は多々あるが、筆者は、その中で2020年の夏のボーナス等の給与未払いに関する報道が大変気になる出来事である。本稿を作成するにあたって医療現場に詳しい知人に訊ねてみたところ、基幹病院でその事実があったと伺った。本論を作成中においても給料減に関するニュース報道があった。知人は、背景にはコロナ禍によって救急病院等への受診抑制が働いたことが原因ではないかとのことであった。つまり、外来患者が減少したことにより、診療報酬請求額が通常より大幅に減ったことが考えられる。

　論じるまでもないことであるが、今回のコロナ禍によって私たちの暮らしへの影響はすさまじく、まだその全容は明らかになっていないものの、緊急事態宣言以降の外出自粛要請やテレワーク等の推奨、給料の減額、未払い、解雇、企業の廃業や倒産等々が原因となってわが国の経済活動が急激に減速しているのは周知の事実である。それが、民間企業とは違う医療機関にも起

こってしまったのはなぜか。さらに介護報酬も基本的なところは同じ仕組みであることから、遠からず同じような問題が介護現場にも顕在化してくるものと思われる。

　そもそも、日本の医療提供体制は、不測の事態になっても経営破綻を起こさないように、いわゆる「国民皆保険」体制をとり、国民から強制的に保険料を徴収する代わりに、コロナ禍のような事態に遭遇しても医療の提供が滞らないように、しかも平等に提供できる体制になっているはずである。このシステムは、諸課題は山積しているものの盤石な体制が確立されていると考えて差し支えないであろう。しかし、なぜこのような問題が起こるのか、その構造的問題について考えてみたい。

## II　日本の医療提供体制の基本的構造

### (1)国民皆保険

　わが国は、先にも述べたように「国民皆保険」体制を堅持できている国である。この体制は、国民に対して保険料の強制徴収という手段を通して「国民の義務」を課し、その見返りとして「いつでも、どこでも、だれでも同じ医療」という医療の平等原則が貫かれている。すなわち、医療を「国民の権利」として保障する体系となっている。

### (2)診療報酬制度と支払い方法

　さらに、診療報酬制度が医療機関の安定的経営を支えている。診療報酬制度は、すべての医療行為を点数(1点10円)で表す仕組みになっている。そして、個々の診療報酬は、中央社会保険医療協議会により2年に一度改定され、つねに価格の適正化を検証する仕組みにもなっている。

　診療報酬支払いは、当初「出来高払い」を基本としていたが、1992(平成4)年の第2次医療法改正において「機能分担と連携」というスローガンが掲げられ、従来の「一医療機関完結型」医療から「地域連携型」医療に変わり、さらに「質の向上とコストの削減」という矛盾するようなスローガンにより、市場原理＝競争原理を活用した医療の質の向上と、「社会的入院」等の解消(コストの削減)を同時に行う大改革が断行された。

　この時に診療報酬支払いの考え方も大きく変更され、長期療養型の医療機

関から、いわゆる「包括払い」（定額制、当時は"まるめ"とも呼ばれていた）が導入され、とくに入院費については、平均在院日数と相関させた診療報酬の傾斜配分が行われた。つまり、医業収益を上げるためには、短い入院期間で数多くの症例を熟せば、それだけ多くの診療報酬を得ることができるという意味である。このような診療報酬評価が、2年に一度行われる診療報酬改定の度に傾斜配分の傾斜をきつくし、入院当初の点数をより高くし、長い入院の評価はより低くなるような診療報酬評価を行っていった。このような政策誘導によって日本の医療技術水準は、飛躍的に上昇したが、一方では、急性期医療機関の生き残りをかけた競争は激化していった。

　診療報酬支払いにおける包括払いの導入は、確かに長期療養型医療においては効果があったと思われるが、高度急性期医療においては、質の向上にインセンティブが働き、図2が示すように、高額療養費の支給額や支給件数の増加が顕著となり、国民医療費の抑制には効果があったとは断言できない状況である。

　ところで、「出来高払い」という医師の自由裁量に任せた支払方法から、「包括払い」に切り替えた意味は、国民医療費の高騰を抑えるために、医師の自由裁量分を小さくし、国家の裁量を大きくする、すなわち診療報酬を国家の管理下に置くための政策転換であった。かつてアラン・エントーベンが提唱した「管理された競争（managed competition）」の日本版とも言えなくもない[2]。

### (3) 自由開業医制

　わが国の医療提供体制の特徴として、もうひとつ「自由開業医制」がある。自由開業医制とは、医師が自由に開業できる制度である。先の「出来高払い」は、自由開業医制下における医業経営を支える柱でもあった。とはいえ、わが国は「保険診療」を原則とする国であることから「保険医」としての認定を受けなければ、自由に開業できない仕組みであり、「保険医」登録を前提とすることで国家の管理下にあるとも言えるが、競争までは管理されてはいなかった。しかし、診療報酬支払いの「包括化」によって、医師の自由裁量分も大幅に管理されることとなった。

　「自由開業医制」は、極めて資本主義的である。すなわち基本的には独立採算であることから、一般企業並みの黒字基調の経営が前提であり赤字経営で

は破綻する。ところが、現実には、経営原資が保険財源であることや、系列化した医療機関が多いことから、これまでにも不祥事等で医療機関を閉鎖する事案や廃業する事案はあっても赤字で経営が破綻した例は皆無に近い。つまり、日本の医療機関の経営は、診療報酬制度で手厚く守られている。

## Ⅲ　国民医療費の動向他

　さて、国民医療費の動向を政府統計からみてみることにする。以下の統計資料は、2019（平成31）年4月23日の財政審議会に資料として配布されたものの一部である。

　**図1**は、社会保障費の推移を見たものである。この図で注目点は、総額が国家予算（2019年度一般会計歳出994,291億円、うち社会保障費339,914億円で34.2%を占めているが、社会保障費全体の4分の一弱である）をはるかに超える額であることも注目点ではあるが、本論の主題との関連で言えば、自然増と呼ばれている「推移」と、年金・医療・福祉その他（介護）の「配分比率」である。すなわち、社会保障費の配分比率は、介護保険制度前は、年金：医療：福祉は5:4:1であり、介護保険制度後は年金：医療：福祉・介護は5:3:2の配分に変わった。つまり、医療の1を介護福祉に回したという意味であり、現実的には、医療機関のうち、長期療養を目的とした医療機関の経営原資を介護保険に回したという意味である。しかし、全体増には歯止めはかかっていない。つまり、制度の抜本的な見直しは行われていない証明ともいえる。

　図2の左図は、「高額な医療費の状況」を見たものであるが、2016（平成28）年度高額療養費支給金額25,579億円で、毎年増加していることが分かる。また右図上は健保組合における1000万円以上の高額レセプトの件数も増加傾向にあり、特に2,000万円以上も増えてきていることが分かる。さらに、右図下は後期高齢者医療制度においても1件400万円を超えるレセプトも増加傾向にある。このことから、高度先進医療が国民医療費の増加傾向に大きく反映されてきていることを伺うことができる。

　**図3**の左図は、「医療・介護に係る保険料負担について」を見たものであるが、2009（平成21）年から「協会けんぽ」も「組合健保」も保険料率は増加に転じ、「協会けんぽ」は2012（平成24）年で増加のテンポが緩くなるが、組合健保は依然増加傾向にある。また、右図の医療費・介護費と雇用者報酬をみると

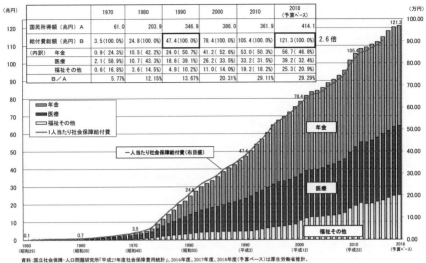

資料：国立社会保障・人口問題研究所「平成27年度社会保障費用統計」、2016年度、2017年度、2018年度（予算ベース）は厚生労働省推計、
　　　2018年度の国民所得額は「平成30年度の経済見通しと経済財政運営の基本的態度（平成30年1月22日閣議決定）」
　（注）図中の数値は、1950,1960,1970,1980,1990,2000及び2010並びに2018年度（予算ベース）の社会保障給付費（兆円）である。

図1　社会保障給付費の推移

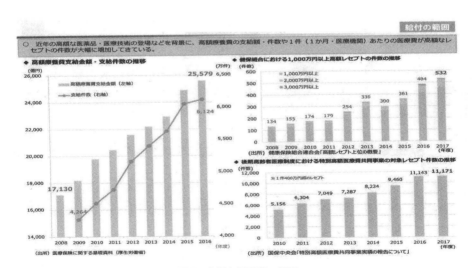

図2　高額な医療費の状況

○　今後とも高齢化により医療費・介護費の伸びは増加が見込まれるのに対し、雇用者の総報酬は、生産年齢人口の減少に伴い大幅な増加は見込めない。したがって、仮に医療費・介護費の伸びを放置すれば、今後も保険料負担の増加は免れず、雇用者の実質賃金の伸びは抑制されることになる。

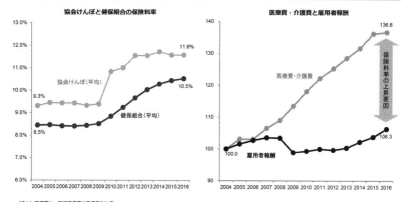

(注1）医療費は、国民医療費の実績見込み値。
(注2）介護費は、介護サービス費用、介護予防サービス費用及び特定入所者介護サービス保険給付額それぞれの実績値の合計。
(注3）雇用者報酬は、内閣府「国民経済計算」における雇用者報酬の計数。
(出所）厚生労働省「国民医療費」「介護給付費実態調査」、内閣府「国民経済計算」ほか

### 図3　医療・介護に係る保険料負担について

　2004（平成16)年を100とした場合に、医療費・介護費の増加に比べて、雇用者報酬の伸びはほぼ横ばいである。このことから、医療費・介護費の家計に及ぼす負担増と負担感は増加し続けている。

## IV　コロナ禍によって明らかとなったわが国の医療の構造的問題——ボーナス等給料未払い問題の本質

　以上見てきたようにいわば「恵まれた経営環境」でありながら、なぜ、給料の未払いのような事態が発生したのか。一医療機関の経営は、最新機器等の設備投資、高価薬剤の購入、医師・看護師等の高額な人件費などすべての経費を原則として診療報酬で賄っている。つまり、開業医や診療所を通じて紹介される患者や大病院に直接受診する患者から、高度急性期医療の対象患者をすくい上げることで、高額な診療報酬請求を可能にしている。

　今回のコロナ禍では、患者動向が大きく変わった。すなわち、コロナ感染を恐れるが余り、外来受診の自粛をしたか、逆に、コロナ感染により外来受診を拒否した医療機関の診療報酬が、従来月より大幅に減額したことが原因であることは容易に想像できる。

　つまり、これまでは、増収・増益型の経営を行いその増益分によって他医療機関との差別化を図る新たな事業展開を行い、個々の医療機関がその規模を徐々に大きくしてきた。しかし、今回のコロナ禍では、様子が一変し、どこの医療機関も同じような経営苦に陥っている。その渦中にあって、医療機関の生き残りを考えたとき、残された道は、増収・増益型の経営を止め、不採算部門を切り離して、減収・増益型の経営を考えなくてはならなくなってきた。ハイリスク・ハイリターンの医療で生き残りを賭ける経営である。

　上記の考え方には、大きな問題が残されている。一つは、不採算を理由に切り離された診療科を当てにしていた患者(これまでにも産科・小児科や難病対象診療科、ハイリスク・ローリターンの診療科、例えば脳神経外科などを切り離した例があった)が排除されていく問題や、また不採算地域からの医療機関の撤退などが更なる地域格差や地域の医療崩壊を生むという悪循環に陥ってしまう。

　図4は65歳以上人口の比率の全国分布を見たものであるが、東北地方、四国、中国、九州の一部は32%を超えている高齢化地域である。このような地域には、高度先進医療機関や急性期医療機関よりも療養・介護重視の医療機関が必要とされるが、逆に地域の基幹病院である高度急性期医療機関の経営が成り立たず、撤退を余儀なくされる。かつて、医師の調達が不調に終わり、公立病院の産科・小児科を閉鎖した例があった。産科・小児科が無いという地域での子育ては困難を極め、人口流失にも歯止めがかからなくなり、ひいては地域崩壊の一番の近道でもある。

　さらに、今一つ考えておかなければならない重要な問題として、この医療危機を背景にして、「混合診療」論が再燃されることである。国は、自由診療を原則として認めない方針であるが、保険診療と自由診療を併用した混合診療は、自由診療部分が市場開放されることを意味しており、ここに巨大な民間資本が参入することは論を俟たない。結果的には国民皆保険体制の崩壊につながる。

　わが国は、2012（平成24）年に「社会保障制度改革推進法」を制定している。これは消費税増税の根拠を法的に規定したもので、その第2条（基本的考え方）の第3項に以下のような条文がある。「年金、医療及び介護においては、社会保険制度を基本とし、国及び地方公共団体の負担

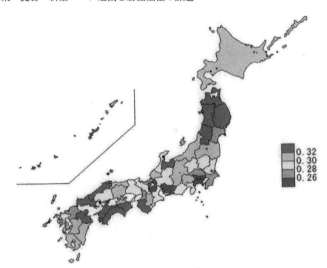

0. 32
0. 30
0. 28
0. 26

**図 4　総人口における 65 歳以上の割合(2018 年度)**

は、社会保険料に係る国民の負担の適正化に充てることを基本とすること。」
としている。つまり、いわゆる「社会保障の保険主義化」である [3]。

　コロナ禍以前より、わが国は「働き方改革」のスローガンのもと「テレワー
ク等」働き方の多様化を推奨し、その結果、非正規労働が正規労働に迫る勢
いで増加してきている。すなわち、社会保険料の強制的徴収から除外されて
いる働き方の推奨である。

　社会保障の保険主義化を掲げながら、一方では保険料の強制徴収対象者で
ある正規労働者を政策的に減少させる方向が選択されている。つまり、保険
料収入を財源とする社会保障制度は、今後その規模が縮小化の一途をたどる
ことを余儀なくされている。

　つまり、わが国の保険診療の将来はこのままでは危うい。この危機を乗り
切るために、医療機関がダウンサイジング(減収・増益型経営)に走るのか、「混
合診療」を解禁し、自由診療部分を市場開放してアメリカのような巨大民間
資本の参入を待つのか、厳しい選択を迫られる時期が来るかもしれない。し
かし、堤未果が著作『ルポ 貧困大国アメリカ』の第 3 章「一度の病気で貧困に
転落する人々」で、アメリカにおける医療の市場化の実態を赤裸々にレポー
トしていたように、医療の市場化は、国民に過酷な現実を突きつけることを

学ばなければならない[4]。

　以上のことから、筆者は、コロナ禍といえども「国民皆保険体制」は堅持し、これ以上国民が排除されない仕組みの再考が必要であると考える。

## 注（引用・参考文献）

1　鴻上尚史・佐藤直樹著『同調圧力―日本社会はなぜ息苦しいのか―』（講談社現代新書 2020）「あなたを苦しめているものは、同調圧力と呼ばれているもので、それは『世間』が作り出しているものです。それがコロナで狂暴化したことによって、『荒れる SNS』や『自粛警察』や『自粛の強制』が生まれたのだと、伝えたいと心底思いました」（鴻上、6 頁）。

2　大森正博著『医療経済論』（岩波書店、2008）「日本でも 2002 年 7 月の健康保険法等の改正法で保険者の再編・統合が検討され、その際、『保険者機能の強化』が提案された。『保険者機能の強化』は、『管理された競争』そのものの導入を意図したものではないが、保険者の医療サービス供給のあり方への積極的な関与を求める考え方は、『管理された競争』の精神を一部含んでいる」（149 頁）。

3　社会保障制度改革推進法は、その第 1 条において「社会保障制度改革国民会議」の設置を規定しており、同会議の『報告書』が 2013（平成 25）年 8 月 6 日付で公表されている。この報告書では、2 として社会保障制度改革推進法の基本的な考え方を踏まえて、日本の社会保障制度の在り方を「自助、共助、公助」の最適な組み合わせに留意して……」と自助、共助を全面に押し出す見解で取りまとめられている。

4　堤未果著『ルポ貧困大国アメリカ』（岩波新書、2008）。

## 参考文献

※拙著『戦後日本の医療・福祉制度の変容―病院から追い出される患者たち―』（法律文化社、2013）。日本の医療提供体制の構造については、同書第 2 部「日本の医療から排除されていく人々」の第 4 章「医療制度改革と社会的入院問題」、第 5 章「1990 年代の医療制度改革」、第 6 章「2000 年代の医療制度改革」を参照いただければ幸いである。

**特集：提言　新型コロナ危機と居住福祉の課題**

# 思想なき住宅政策は民族の崩壊に繋がる、コロナより怖いあなたの住まい
## ——居住福祉産業へ転換、居住福祉基本法の制定を

鈴木靜雄（株式会社リブラン相談役、日本居住福祉学会 関東本部長）

## I　まえがき

　今回、特集「新型コロナ危機と居住福祉の課題」にさいし鈴木静雄氏に寄稿を求めたところ「思想なき住宅政策は民族の崩壊につながる」というタイトルを付けた詳細なレジメを送ってこられた。編集部はこのレジメをもとにして論文作成をお願いしたが業務多忙のゆえその時間がみいだせないとの返事であったが、副題に「居住福祉産業への転換、居住福祉基本法の制定を」とあるように今後の居住福祉の基本方向にかかわるテーマなので割愛せず鈴木氏との直接なインタビューによって氏の言わんとするところを語っていただいた。以下は、それにもとづいて作成されたものである。

## II　社会問題解決型ビジネスを志すリブラン

**大本**　お話を伺う前に鈴木さんが経営されてきたリブランという会社がどういう会社か語っていただけませんか。これをお読みになる読者の方も予備知識としてリブランという会社の特色を知っておいた方が鈴木さんのお話を理解しやすくなると思います。

**鈴木**　私の会社は、創業55年、一貫して「社会問題解決型ビジネス」を追求してきています。というのは私は、企業は企業にあらず、社会運動体だと考えているからです。そこで、社員は会社に出勤に及ばず、地域に出勤せよ、と言っています。つまり地域の人々と地域に渦巻く社会問題を会社を使って解決することをモットーとしているからです。創業からのいろいろな社会貢献が認められて20年前、東京商工会議所からCSR（Corporate Social Responsibility：企業の社会的責任）のコンペで東京都最優秀賞を授与されて

います。

　もっとも私は、いわゆる一般的な社会貢献は真の社会貢献でないと思っています。不動産・住宅産業の本質を極めるのが社会貢献です。

**大本**　リブランは住宅・不動産業のなかで自ら"異端の中堅企業"と称していますが、そのことを経営赤字なしでやってこられたというのでからすごいですね。

## III　戦後住宅政策の致命的欠陥

**大本**　鈴木さんは、戦後日本の住宅政策の最も大きな欠陥とみられるものをどう見ておられますか。

**鈴木**　国も業界も戦後の住宅政策を景気産業化してしまったので、住宅産業と人間の因果関係に視点を置くことなく、復興と量産を急ぐあまり、景気産業としてしか捉えられないまま今日を迎えています。

**大本**　実際に即して言うとどうなりますか。

**鈴木**　戦後、ほとんどそうですよ。景気が落ち込むと、住宅産業を刺激する。来年は何万戸建てるとかということのずっと繰り返しですよ。住宅産業を景気産業として捉えてしまった。

**大本**　私も『[証言]日本の住宅政策』(日本評論社、1991 年)で戦後日本の住宅政策が景気対策・経済政策に使われてきたことを証言を通じて明らかにしてきましたので鈴木さんの見解に同感します。つづめていえば理念と関係なく建てるということであったのですね。

**鈴木**　そうそう。住宅産業は景気産業ですから特にそうじゃないですか。何万戸やるというと、デベロッパーはそこに突き進んでいってしまい、誰も住居と人間との関わりを問い詰めていこうというスタンスはほとんどないまま。中には何社かはありましたけれど——業界全体として突き進んできた。そのことが今の、"コロナより怖いあなたの住まい"という現状をつくり出し、"住原病"といわれる様々な社会問題を引き起こしている原因になっている。

　その典型が日本列島がズタズタにし、子どもたちや家族の肉体や精神は人工的住宅、集合・高層住宅に破壊されてきたことだと思います。

**大本**　ここでいう人工的住宅・高層住宅というときの「人工的」の強調という

のは――

**鈴木**　人工的というのは、人が暮らしているというときには、コミュニティとか、住宅のありようとか、健康だとか、様々な要素があるのに人が生きていくさいに必要なそういう要素を全く無視して、ハード先行で住宅を作り続けてきてしまったという意味です。

## Ⅳ　高層集合住宅が引き起こす様々な社会問題

**大本**　レジメで取り上げられている以下の9つの項目は、住宅政策＝景気政策が引き起こした社会問題の主要なものだと思いますが、これらについては、大枠のところ、すでに早川和男先生の『居住福祉』（岩波新書、1997年）以来、指摘されてきているところでもあると思います。

　ついては、鈴木さんにはこれらの社会問題・罪悪の打開策についても社会問題解決型ビジネスのご経験もあることでしょうから、あわせて実例をも挙げて説明していただければと思います。

### (1)子どもたちの基本的人権の侵害、生存否定

**大本**　子どもたちの肉体と精神の破壊のこと、指摘されてから久しいですね。

**鈴木**　これはもうすでに前からあるではないですか。子どもたちが学校に来ない引きこもりとか、病気ではない病気。それがどうも、団地に問題があるのではないかといわれて、40年前にも板橋区にある高島平団地で子どもたちに様々な問題が生じ、団地の形態に問題があるのではないかと意見が上がりましたが、住環境を考え出した時期があったけれど、これも検証されないまま、あるいは政策として取り上げられないままきている。

### (2)超高層住宅が昔からのコミュニティを分断

**鈴木**　コミュニティの問題に限っていうと、防災、防犯、様々な問題を抱えていても地域と隔絶、地域と離れてしまって、地域と連動していない。住宅、マンションそのものにも問題があるのと、地域との連携ができていないということは、いざインフルエンザだ、新型コロナだとなって、地域と連動して対応しなければならないとき、重大事になる。

**大本**　阪神・淡路大震災、東日本大震災など、そのことを如実に実証してい

ますね。

## (3)地域から隔絶されて賃貸マンションの悲劇

**鈴木**　集合住宅のうち、分譲マンションには、一応管理規約、管理組合があるわけですけれど、分譲より賃貸が多いのに、賃貸には何もないです。それで賃貸の場合、分譲以上に地域と繋がっていない。だから、見た目には立派だけれど、陸の孤島で、そこには基本的人権もないというのが、実態だと思います。

　戸建てはまだ罪が軽いと思うのですけれど、問題は集合住宅です。現段階で7割近くが分譲または賃貸マンションといった集合住宅なのです。

　例えば、私の会社を置いている板橋区でも6割くらいが集合住宅なのですよ。

## (4)子育て環境の劣悪化による子供たちの身体や心、生きる力のそぎ落とし

**鈴木**　1994年の国際家族年の年に、子どもの人権、とくに見捨てられた子供の居場所を回復することが問題になったさい、中島明子先生が日本住宅会議・関東会議編で出した『キッズプレース――居ごこちよい子どもの住環境』(萌文社、1994年)などでキッズプレイスのことを書いているじゃないですか。そのキッズプレイスのことを読まれた方がなるほどと思っても、実践しなければ意味がないので、やりましょうよということで、平成3年か4年最初に埼玉県川越市でアーベイン川越南大塚キッズプレースというマンションをやったのですよ。これが多分、子どもの居場所を考えた最初のマンションで、うちが10棟くらいやったところ、大手デベロッパー、住宅公団など全国から視察に来て、高層住宅、マンションに子どもたちの視点を入れていくという問題に関し真似をしたわけです。それはいまだに続いています。これはマンションですが、戸建ての方も、やはり40年前に埼玉県富士見市みずほ台というところで15棟くらい子育てをテーマにした住宅を作りました。

**大本**　北欧で1980年代に、高齢社会むけて高齢者のノーマライゼーションが提起されました(障害になっても普通の生活ができるようにするという意味で、そのための社会改造政策が必要とした)。そのとき、子どものノー

マラーゼイションも問われた。子どものノーマライゼーションとは、自然のなかで遊び、自然から学べる生活、こどもが寄り集まれるコミュニティの場が必要だと、提起された。そのために、大人がつくったまちなかにある人工的な公園を解体して林や森に作り変えてゆき、また子どもが寄り合えるコミュニティ空間をつくっていった。子育て環境を考えるさい、思想が必要で、その思想のもとに政策的に実践していくことであろうと思います。ポリシーとしては同じものですね。

## (5)家族の身体、心、感性の喪失

**鈴木**　現在の住宅といわれているものは、形は住宅だがただの箱、シェルターにすぎない。夫婦の寝室は狭く、夫婦別室をよぎなくされている。核家族化によるワンルームでは家族が構成できない。これでは家族の身体はもとより心、感性も喪失してしまいますよ。

**大本**　そこから脱出するためにどうしていますか。これでは子供を含めた個人のプライバシーは保てませんね。

**鈴木**　要するに、ブロイラーの飼育場もどきの独房マンションからの解放。集合はせざるを得ないですけれど、その集合の中でいかに個に近づくかという戸建てスタイルのマンションをつくるというのがあります。ライトコートという設計手法を使うものです。こんなことで、少しでも家族の身体と心を取り戻す。

**大本**　この問題は「離婚しないマンション」にもつながっているのですね。

**鈴木**　これは藤原智美さん、男性ですけれども、1992年に芥川賞をもらった人ね。その人が、『家族を「する家」・「幸せそうに見える家」と「幸せな家」』(ダイアモンド社、2000年)という著作を出したのです。いまや家族は自然になるものではなく家族を「する」時代になっているということですね。それを、NHKエンタープライズから「離婚しないマンション」ということでやってくれませんかと持ち込まれてやりました。

　これを住宅にするとどうなるのかということで、夫婦の寝室は8畳以上確保し、テレビは家族全員で鑑賞すべきだから、子ども部屋にはテレビ配線をしないなど、意識的に「家族する」条件を間取りに取り付けしてみたものです。

### (6)抹殺された、人々のライフスタイルや価値観

**鈴木**　これは集合住宅(分譲、賃貸)が、人々それぞれのライフスタイルや個性、価値観を認めない、集合住宅にはそういう配慮がない。いってみればそれらを抹殺しているということです。

**大本**　そういう側面は非常に強いですね。

**鈴木**　人にはそれぞれのライフスタイルとか価値観があるということを前提に立っていろいろな試みをしてきました。音楽というライフスタイルを実現するというので、ミュージックマンションやったり、オートバイ好きの人向けに、富士見市でライダーズマンション、朝霞でアウトドアマンションをやったり、さらには板橋区成増の駅前に、シングル女性支援のマンション、渋谷区渋谷にワイン愛好者用のマンションをつくるとか、人それぞれの様々なライフスタイルを支援してきましたよ。

　東京は、文化の薫りがないということで、練馬区江古田にコンサートホール併設マンションをつくりましたが、今、首都圏で 25 棟くらいある。また板橋区で美術館併設マンションとかもつくっています。

　どうしても集合住宅は画一的で、自分の部屋は直せても全体は直せないわけですからそれ用のマンションをつくったわけです。特に賃貸は、もっとひどいですね。

**大本**　人の価値観を問う前に、職業から考えて、例えば音楽関係の職業の人および音楽を学ぶ学生などは日常的に練習に音をだす、近隣迷惑となるので普通の賃貸住宅やマンションでは練習もできないし、また住めないのです。同様に画家およびその学生方は絵を描く広い部屋が必要です。日本の画一的な規格の集合住宅では芸術・文化を志す人は住みにくい、また入居できる賃貸住宅もない。日本の住居から文化が生み出せる条件が乏しすぎますね。

### (7)自然環境の破壊

**大本**　自然環境の破壊というのに対してはどうですか。

**鈴木**　これは板橋ですけれども田舎でなく東京で蛍を飛ばそうというのをやりました。それから、埼玉県所沢には、日本野鳥の会と提携して、森と住

居が一体というマンションをつくりました。

**大本**　ビオトープマンションですね。

**鈴木**　だいたい開発するときは、都内でしたら空き地、周辺の郊外ですと森があったりとかするわけですが、普通、それらを伐採したり、造成したりしてしまう。ですが、そういう思想ではなくて都内の空き地に立てる場合、マンションの回りに木を植えたりするのを心掛けて、見栄えをいいぐらいの程度まではやる。でもそれは敷地の回りだけで、えうちの「緑のカーテン」だとかというところまで、突っ込んだものはないです。エントランスの、マンションの回りのところに、木を植えるという程度のことであって、その建物全体を緑化しようとかという、そういう深いものはないのです。

**大本**　「緑のカーテン」（グリーン・カーテン）というのは建物の窓辺につる性の植物ゴーヤや朝顔などを這わせつくる自然のカーテンで、夏の日差しをやわらげ室温の上昇を抑えるものですね。

　　現社長の雄二さんがNPO法人「緑のカーテン応援団」の理事長をやっておられますね。

**鈴木**　だから、もともとある自然を壊すのではなくて、都内の空いているところに建物を建てるとすると、その建物の1階だけではなくて、屋上だとか、壁面だとか、そういう建物を建てるときに、緑化をしていく。それがまた、子どもたちにみんな良い影響与えるわけですが、皆、そこまではやっていない。そこそこやっているだけで。郊外の場合ですと、今ある自然環境を破壊している。

　　同じ埼玉県の朝霞では、自然の森があったので、普通は森を全部伐採してしまって建てるのですけれども、伐採しない、結構歴史のある桜の木だというのを敷地内の配置に、移植をして、景観として生かしています。またその朝霞で子どもたちの身体と心を回復するために農園設計のマンションもつくっています。

　　そのほかホルマリンで子どもたちの顔にぶつぶつのできる、事故がありましたよね。

**大本**　アトピーとかアレルギーですね。

**鈴木**　あのとき青森ヒバを使った。もう亡くなりましたけれど、千葉大の小原二郎先生──新幹線の椅子をつくった人──が委員長になって、ホルマ

リンの度数が70％くらいのものを、30％くらいに下げるとかそういうことではなくて、自然のものを使うのが一番だと答申し、特に健康に良いのは青森ヒバだということでしたので、青森営林局と連絡を取ってそれを広げる活動もしましたよ。

**大本**　都内の場合と郊外の場合、違うとしても、日本でも自然環境の破壊を回復することの意義が以前より分かってきているようですね。

ヨーロッパでは、"緑は、百難を隠す"といわれて、都市に積極的に緑をつくりまちを美しくしている。日本では残念ですが、住宅をつくるために古い大きな木を積極的に切ってきた歴史だと思います。

　それにしてもリブランさんは環境共生住宅についてはよくやっていますね。

### (8)地域の伝統文化、気候風土を無視した住環境

**鈴木**　地域の伝統文化というのは、戸建てならばいいのですけれど、集合化することによって、その地域にあった伝統的な文化とか、そういうものを壊している。

**大本**　更地に破壊して、新しく作るときの手法は、建設戸数主義のブルトーザにかけられますし。

**鈴木**　様々な人が生きるということの要素。それをやはりきちんと捉まえて、住宅をプロジェクト化する。

　例えば東京都荒川区でやる、あるいは静岡県の熱海市でやるというときに、そのまちの気候風土とか、伝統文化とか、そこの行政がその地域をどういう街にしようとしているのかというビジョン。それらをまず勉強して、それに沿った住環境にしていく。

　例えば荒川区で伝統職人とギャラリーマンションをつくった場合ですと、荒川区役所に設計事務所とか、ゼネコンとか連れて行ったのです。何回か勉強に行ったのです。あのときは、㈱大京さんと組んでやったときですが、最初は何でこんなところに来て、こんな勉強しなくてはいけないのかなと、いやな顔するのです。ですが最後は荒川区の職員と連携しようというふうになったのです。あるいは熱海の桜木町で"純和風"数寄屋のマンション（「別邸 桜の庄」）プロジェクトをやったときには、熱海の港の掃除を

したり、神主さんを呼んで、夜、酒を飲みながら、神主さんから熱海の歴史・伝統文化を聞かせてもらったりして進めたのですが、そういうことが大事なのです。

　ともかく住宅は、健康と安息をむしばむものであってはなりません。ナイチンゲールが病気の原因の半分は住環境に起因していると『看護覚え書』(薄井担子・他訳、現代社)に記していますが、その通りですよ。


## おわりに――居住福祉産業への転換と居住福祉法の制定

**鈴木**　いまのコロナ禍のなかに身をおき、従来から国、行政、業界も、住まいと人間の本質からすると現在の政策、業界の体質にはかなり問題があると何となく分かってはいるけれど、変えられないというジレンマがあります。

　いま、このコロナショックで人間と住環境の本質が浮き彫りになりました。今こそこれまでみてきたような問題を抱える不動産業・住宅産業を居住福祉産業に転換、住宅政策をチェンジし、住生活基本法を「居住福祉基本法」に転換する時です。

**大本**　住宅産業が抱える社会問題を解決するのが居住福祉産業であり、そうした居住福祉産業への転換を支援し促進するために居住福祉法の制定が必要なのですね。

**鈴木**　いまの住生活基本法の最初のところには、日本住宅会議、日本居住福祉学会が標榜しているのと同じような文章があるのです。つまりその理念として「住まいは人間の肉体、精神を育み守り、人それぞれの個性・生きがいを実現、安全、安心・環境・福祉、文化の側面から社会生活を支える拠点である」という一文があります。その文章はあるのだけれど、それをまったく実践項目として挙げていないのです。だから前の住宅建設5カ年計画(『住宅建設計画法』は1965年制定されたが、2006年『住生活基本法』の成立をもって廃止された)にも関わらず耐震性だとか、ストックの何とかだとかそういうことはあるのですけれど、もっと深いところでの人間との関わりの目に見えない課題が全く登場していない。

　昔、20年くらい前に建設省の和泉局長に言ったことあるのですけれど、

　和泉局長はこういうのです。鈴木さんの言っていることは、全然数値化が
できない。数値化が出来ないものは、役所で計画に移せないのですと。で
も目に見えないもの、数値化が出来ないもの、これが1番大事なのでは
ないの、そのためにどういう住宅を作るかということでしょう。その目に
見えない暮らし方というものを作り上げていくために、手段として住宅を
作っていく。住宅そのものは、目的ではないの、あくまでも手段なのだと
反論しておきました。数値化できないから行政に馴染まないといわれても
こっちの方が困ってしまうので、そのために行政があるのではないのと
いったわけです。それでもそのあと、和泉局長は、健康住宅委員会を創設
してくれました。

**大本**　鈴木さんの言われる方が正論ですね。数値化できないものでも可能な
限り数値化して計画に乗せるのがすぐれた官僚の腕のみせ処ですからね。
まだまだ伺いたい点もありますが、所要の時間も過ぎていますので、今日
は、ここで止めたいと思います。

**参考文献**

鈴木静雄　第10回日中韓・アジア居住問題国際会議報告 特別論文「思想なき住宅
　　政策は民族崩壊につながる」(『住宅新報』2011年11月8日)
鈴木雄二著　株式会社リブラン 五十年史『しなやかに』2018年、他。

**特集：提言　新型コロナ危機と居住福祉の課題**

# コロナ禍で広がる新しい形の地方創生

藤田　洋（ミキハウス子育て総研(株)代表取締役社長）

　コロナ禍で在宅リモートワークを経験しているパパ・ママは多い。現在の住まいに滞在する時間が物理的に増えたことで、住まいへの気づきが増えたようだ。**図1**は、2020年6月に行った『ステイホーム中に気づいたことは（住まい編）』の結果で、まず43.3%の方が住まいに関して困ったことや気づいたことが「あった」と回答している。

　では、具体的にはどのスペースかということが**図2**になる。一番多いのが「リビング」で42.2%、ついで「キッチン」や「収納」や「バルコニー・庭」が18～17%台、「書斎（仕事用スペース）」も15.9%となっている。リビングはもともと家族が集まる場であるが、パパやママが仕事を持ち込んだり、子どもが日中遊んだり、勉強したりする場となってしまった分、狭さや居心地、陽当たりや風通しが気になったのではないだろうか。また、料理を作ったり、片付けたりする回数も増え、キッチン全体や収納スペースそのものにも不満が出てきたと考えられる。

　また、外出できないので、バルコニーや庭を活用したいが、思うようなス

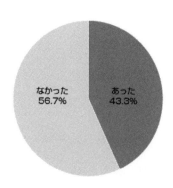

**図1　Q. ステイホーム中に、お住まいや設備に対して困ったことや気づいたことはありましたか。**

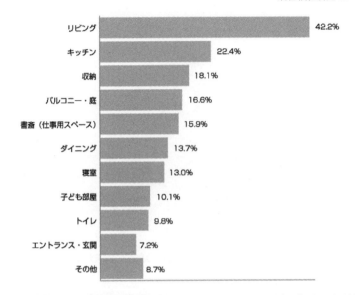

**図2　Q.「あった」とお答えの方にお伺いします。困ったことや気づいたことがあったのは、どのスペースですか。(複数選択可)**

引用：ミキハウス子育て総研「Happy-Note.com」 Weekly ゴーゴーリサーチ(第 923 回)
実施期間 :2020.06.11~2020.06.24　有効回答数 :629

ペースはなかったということも想像にかたくない。

　一方、2020 年 6 月 25 日 ~7 月 1 日にかけて行った、子育てファミリーの「地方への移住意向」を調べた調査(**図 3**)では、今回のコロナ禍を踏まえて「移住への興味が出た」方が 17.1% にのぼり、「以前から興味があった」が 22.3%、「既に検討している」が 2.3% で、これらを加えると、実に 40% を超える割合で地方への移住が何らか検討される可能性があるという大変高い割合になった。

　もちろん地方への移住にあたっては住まいだけでなく、自然環境や交通の利便性、仕事、医療、教育など、様々な子育て世帯ならではの視点があるが、住居(子育てしやすい)や家賃補助があるなど、住まいそのものを重視する方も 53.2% と高い割合になっている(**図 4**)。

　こうしたことにより、子育てファミリーの住まいの選択肢はむしろ拡がっ゛た゛、と考えて間違いないだろう。現在住んでいる住まいから、コロナ禍での

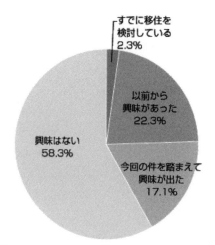

図3　Q. 新型コロナウイルスの影響で地方への移住に興味を持ちましたか？

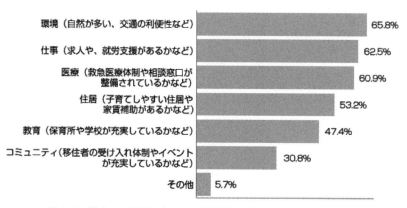

図4　Q. 地方への移住にあたって重視するポイントは？（複数選択可）

不満を少しでも解消するために、変わろうという思考だけでなく、リモートワークが可能であることの実証実験を経て居住地を何も都心に限る必要がなくなったとの認識から、住まいや居住地をポジティブに探し直すというエネルギーが高まってきているといえる。

　こうした動きは、住宅業界(物件そのものも)あるいは地方自治体にとっても千載一遇のチャンスが到来しているのではないだろうか。

　「自分たち家族にとっての理想の住まい」を金額やパパ・ママの仕事(勤務

先住所)に左右されず、探せる時代が到来したわけだからだ。

　では、住宅業界や地方自治体ではこれからどうしていけばよいか。
いくつか提言してみたい。


①個別の住宅や街並み、エリア、自治体の情報を選択肢足り得る具体的・
　魅力的な情報へ加工する努力を！
　(例)空き家バンクで勝手に探せ(従来型)

　　　　VS

　　　家賃5万円(月額)　70㎡3LDK、公的賃貸、

　　　さらに小学生以下の子ども1人につき1万円(月額)補助

　　※どちらが魅力的な情報かわかりますよね。

②都心と比べて、地方ならではの納得の数字を見せる
　・同じ部屋の広さなら、

　　70㎡　月額20万円(○△区○○町付近)

　　　VS

　　70㎡　月額7万円(○×市○×町付近)

　・同じ家賃なら、

　　月額10万円　1LDK（駐車場別）(45㎡)(○△区○○町付近)

　　　VS

　　月額10万円　庭付き戸建て(駐車場2台含む)(120㎡)(○×市○×町付近)

③子育てファミリーが知りたい情報を、物件情報に具体的に付加する形で
　提示

　〈住まい〉

　・間取り、庭や菜園、駐車場の有無や金額など

　・家賃補助や中古・リフォーム補助制度など

　〈住まい以外〉

　・立地周辺環境、コミュニティ支援

　・教育機関、医療体制

　・各種補助金、支援体制

　・パパ・ママの仕事さがし

　→物件が属する自治体の情報とひもづける

　などなど、子育てファミリーが知りたい情報をより具体的により見やす
く、より目立つ形にしていくことが効果的だ。
　全国で空き家が900万戸弱と言われる時代、今後子育てファミリーの大規
模な入れ替わりが発生することにより、活性化が生まれるエリア、空洞化が
進むエリアの明暗が鮮明になっていくだろう。まさに、人口減社会のなかで、
人口増の結果が出せる可能性のある人生最適の住まい探しが行われようとし
ているわけだ。それに応えていかなければ業界や地域の未来はない。
　さらに、5Gに代表される通信の進化は、住まい選び、住む地域選びや子
育てそのものにも大きな影響を与えていきそうである。
　当社はこのほど、「子育てスマートホーム」プランとして、株式会社大倉(大
阪市北区)様の子育て応援リフォームプランを第1号認定した。
　従来「子育てにやさしい住まいと環境認定」というタイトルでリアルな図
面ベースに間取りや設備を評価していたが、新しい概念が加わった。
　ITの活用、AIの進歩、さらに通信環境の向上により、スマートホームは
今まさに実現していく過程にある。われわれは、「子育て支援」という観点で

・お出かけ時
・帰宅前、帰宅時
・お留守番時
・暮らしのリズム応援

**図5　「子育てスマートホーム」認定ロゴマーク**

・家族の健康チェック

・3 世代のコミュニケーションや見守り

　といったカテゴリーで認定項目を構成し、評価した結果、今回の第 1 号プラン認定となった。

　今後、ローカル 5G が本格化すれば、地域にいながら在宅診療はもちろん、高度な学習や仕事環境も実現し、また、人間同士のコミュニケーションのあり方もさらに進化するだろう。まさに、地方と都会との差がなくなってくるわけだ。

　スマートホームが街やエリア全体のスマートシティ化へ発展し、本格的な新しい形の地方創生が進んでいく。子育て層のそれぞれのご家庭にとっての理想を実現する居住のあり方を応援していくことで、人間らしい地球にもやさしい社会や地域を取り戻していきたいものである。

# 新型コロナとエヴィデンスに基づく　家づくり・住まいづくり

高木　聡(株式会社タカキ 取役副社長)

　今回のテーマ「提言　新型コロナ危機と居住福祉の課題」について株式会社タカキの副社長という立場で述べるのは難しく、本来はお断りすべきところだが、これまで株式会社タカキホームの社長を務めていたこと、そして現在「とうきょう健康・省エネ住宅推進協議会」(以下「とうきょう協議会」)の事務局を担当していることから若輩者の戯言とご容赦頂けるのならと思いつくままに筆を起こしてみたい。

　最初に「とうきょう協議会」について述べる。この聞きなれない団体は2014 (平成26)年よりスタートした国土交通省の「スマートウェルネス住宅等推進モデル事業」(以下「SWH事業」)に端を発する。この公募事業の中でその一翼を担った「健康・省エネ住宅を推進する国民会議」(以下「国民会議」)という住宅における健康・省エネの問題解決を目指した建築学、医学の専門家や実務者に加えて消費者団体が連携し、発足した団体がある。そして「地元の健康長寿を住環境面から支える」というミッションのもとに各地域で担うのが「地域協議会」で、「とうきょう協議会」は首都・東京の協議会である。「SWH事業」は平成30年度までの5年間、補助金が付いたが、それがなくなってから事実上活動停止に追い込まれた地域協議会があるなか、「とうきょう協議会」は引き続き、啓発事業をメインに活動を行っている。建築と医学の協働という古くて新しいテーマはこれまでにも数々の団体が独自に行ってきた感があるが、この「国民会議」はその構成メンバーからも明らかで、当初からそれを前面に打ち出しており、現在は「医療福祉・建築連携検討委員会」での第二分科会の事務局を担っている。ちなみに同委員会の副委員長は今村聡日本医師会副会長であるが、これは鈴木靜雄関東本部長がその縁を取り持ったと筆者は見ている。「とうきょう協議会」が2014 (平成26)年から「すまい・るホール」で毎年シンポジウムを行っていたが、2017 (平成29)年に鈴木靜雄本部長

がパネリストとして迎えられ、2018（平成30）年に今村聡副会長が基調講演を行ったのである（ちなみに株式会社リブランは「国民会議」、「とうきょう協議会」の会員でもある）。「SWH事業」では住まいと健康についての調査研究から室内の温熱環境と健康寿命との相関関係の検出という一定の成果を挙げた。ともかく医学、看護学、建築学、消費者団体等の垣根を越えて地域での医療福祉・建築の連携を進め、健康・省エネ住宅の普及を推進しようとしている。また、現在各地で構築されている地域包括ケアシステムでも住まい・住まい方が言及されているが、具体的な方向性は議論が進んでおらず、居住者の住宅に対する認識も十分とは言えない状況である。このあたりの認識は奇しくも故早川和男先生の思想・問題意識、ひいては日本居住福祉学会とも相通じるものがあると思う。

　本題に入っていくが、「新型コロナウイルス感染症（COVID-19）」（以下、「新型コロナ」）はその正体が依然はっきりとわかっていない。感染拡大を抑制する決定打である治療薬やワクチンも未開発である。現在わかっている範囲で感染拡大を防ぐ対策・対処以外に方法がない。要は「新しい生活様式」の実践ということだ。したがって、住宅産業としてはこの「新しい生活様式」に沿った住まい方・家づくりの提案となるのだろう。間違っても"「新型コロナ」に打ち勝つ住まいづくり"とか"感染症に強い家づくり"のような非科学的なものはあり得ない。しかし残念ながら建築業界は数年前まで例えば"子供の成績が良くなる間取り"のような似非科学の提案を平気で行なっていた前科がかなりあるので自戒も含めて要注意だ。

　前述の通り「SWH事業」では一定の成果・知見を得られたが、それ以上に大きな果実はその方法論だと思っている。ランダム化比較試験（RCT）でないものの、コホート調査・研究を見込んで全国で調査を行なったという意義は大きい。というのも「エヴィデンスに基づく家づくり」という方法論を打ち出したと思うからだ。これまで住宅産業は従弟制度的なあり方のなかでどちらかというと「経験に基づく家づくり」を行なってきた。ところが各業界でこの「エヴィデンスに基づく○○○」が流行すると、なかには自分の都合の良い事実だけを並べて「エヴィデンスに基づく家づくり」とうそぶく輩も少なくないのだ。もっともそういう輩はやがて淘汰を余儀なくされ、遅きながらでも建築業界に「エヴィデンスに基づく家づくり・住まいづくり」が確立するものと

確信している。誤解なき様、あらかじめ述べておくと私は先人達の英知を否定しているのではない。むしろ巨人の肩に乗って若輩者が偉そうなことを述べているのだ。「新しい生活様式」は、ナイチンゲールの『看護覚え書』のエッセンスを基に「新型コロナ」の対処療法が加味されたものと言っても過言ではない。"新型コロナ"が感染症である以上、疫学を始めとする医学・看護学が第一に来て、その知見等を家づくり・住まいづくりに活用していく流れになるべきだ。建築業界には前のめりする人が多く、この順番を逆にしないよう注意しないといけないが、医学・看護学界では「エヴィデンスに基づく」方法論も建築業界より一早く確立している。そして医療福祉と建築が垣根を越えてより密接に連携し合うことが最も重要だと考えている。

　最後になるが、それでは建築業界は医学会の後をついていくだけか、建築業界からの発信はないのかと問われれば、そのようなことはないだろう。建築業界は消費者＝生活者に近い分だけ生活者発想の提案ができる利点がある。一つのヒントとして国や企業が行なうアンケート調査がある。内閣府の『新型コロナウイルス感染症の影響下における生活意識・行動の変化に関する調査』（2020 年 6 月 21 日）では、テレワークは"新型コロナ"が終息してもなくならない、むしろ定着化を予感させる結果となっている。そうならば、テレワークを前提とした家づくりは今後 1 つの流れになっていく。同様の傾向は「（株）リクルート住まいカンパニー」が 6 月 30 日に発表した調査結果からも読み取れる。同調査ではより突っ込んだ質問もしており、例えば、遮音性についても興味深く言及している。これをうまく活用して、賃貸住宅の断熱性能の向上させることで防音・遮音性能にもつなげ、一石二鳥の提案も可能だ。「SWH 事業」で実証された断熱性能の向上が健康寿命の延伸につながることを声高く訴えても、賃貸住宅まで及ばなかったものが、このコロナ禍を奇貨として賃貸住宅にも断熱性能の向上が波及するのであれば、モノは考えようだと言えよう。

**特集：提言　新型コロナ危機と居住福祉の課題**

# 住宅業界における With・After コロナ対応

長井克之(住宅産業塾塾長、(社)住環境改善推進協議会理事長)

　今コロナ感染症第3波が猛威をふるっていて世界が混乱している。日本は特殊性があり、それほどひどいことにはならないという説もあるが油断ならない。ともかく軽微に終わることを願っている。本稿では、このコロナ感染症禍における住宅業界及び住生活の変化と、今後の対応策をまとめた。

## I　自粛化と解除後のユーザーの動きと住宅会社の取り組み

　家づくりを計画した人の50%は2年以内に家を建てる！の通説は生きている。今は問い合わせも増えているし、リアル面談の希望も増えている。6%~20%のお客様はコロナ時でも動く(コロナ心理と生活感心理)。今まさしくコロナバブルで活況を呈している。決めたいという濃度の高い顧客が多く、各社も順調な受注状況である。ここでのポイントは初回面談力に尽きる。

　しかし心配なのは今年からである。マーケットが極めて難しい減少衰退期に入る。コロナ感染と減少需要に対応・準備する必要がある。

**住宅マーケットは**
**今は成熟時代**

これからはコロナの影響を受けることと、
超高齢化、人口減少、おひとり様世帯の増大、
空き家増大などで
新築マーケットは減少衰退傾向に

| | | | |
|---|---|---|---|
| 2019年度 | | 88万戸 | 野村総研調べ |
| **2020年度** | | **73万戸** | |
| **2021年度** | | **79万戸** | |
| 2030年度 | 持家　着工数 | 21万戸(約3割減) | |
| 63万戸 | 分譲 | 16万戸(約4割減) | |
| | 貸家 | 26万戸(約4割減) | |
| **2040年度** | | **41万戸** | |

単純には厳しくなるマーケット（倒産企業が続出）だが
　考え方では新しいチャンスの時でもある

図1

## (1)変わる生活様式→変革を求められる住宅

・コロナ禍で外出自粛生活を余儀なくされ、家族全員が朝から夜までずっと一緒に暮らす生活。素晴らしいこともあるが、家族間のトラブルやDV（ドメステックバイオレンス・家庭内暴力）もあり、決して歓迎される環境ではなかった。生活が大きく変わったことで、家族との時間や休息の時間が増えているが、家の中の不満やストレスも多くなっている。特に女性の方がストレスを感じている。

・また在宅勤務でテレワークをするにも、あまりうまくいかなった家庭もある。

明らかに今までの住まいでは不都合である現象が全国で散見された。

・コロナ禍の不満の一つとして運動不足もある。

・睡眠時間が増えているようだが、眠りが浅い、熟睡感がないといった傾向も一部増えている。これらはテレワークをおこなっている人の方が影響を大きく受けている。

・また都市から郊外・地方への人の移動といった動きがある。

・いずれにしろ今の住環境を変えたいという人が増えている。

このような生活はこれで終わりでなく、これからも継続していかなければならないことから、家と家族の在り方など根本的に見直しをしなければならない時に来ている。

## (2)今後の住宅会社の住宅提案のポイント

住まう人の生活様式が変わることから、住宅とそれをつくる住宅会社も変わっていかざるを得ない。

・家族で生活するうえで、間取りや材料や空間や、環境やしつらえが本当にいいのかどうかを見直し、これからの生活で快適になるよう改善していく。箱から暮らしへの変換（家で仕事をする、ショッピング機能をもつ、DIY（do it yourself）・ホビーの場になる、勉強の場になる、家事の場になる、憩いの場になる、運動の場になるなど）が求められている。それにしっかり対応していくのが住宅会社の責務になっていく。

・住宅内部空間のあり方、暮らしの ON・OFF の切り替え、住まう人のストレス低減などに影響するため、住宅も「住職分離」から「住職融合」の時

代へと変化するため、それに対応する提案が必要になっている。

・特に既婚女性のストレスが増えているため、一人になれる場所の提案や、リラックスするための入浴設備や空間の提案、グリーンを適度に活用するといった提案も重要に。

・在宅ワーク・学習によるストレス軽減も家づくりで解決していく必要があり、場所・空間の在り方や暮らし方の提案がより必要になっている。

・在宅ワークは「個室派」「LD（リビングダイニング）派」に分かれるが、仕事と日常の切り替えができるような配慮が必要。家族との最高のふれあいの場であるファミリー室空間の演出も重要になってきている

・健康快適になるためにも、「睡眠の質」向上のため、寝室空間の質・インテリア・照明などにもっと配慮した提案が求められる。

・運動不足というキーワードもあるため、体を動かせる大空間も提案のひとつになる。住宅メーカーでは大空間の商品提案が増えている。

・楽しめる住宅という観点から、インドァとアウトドァのつながり、広がり間取りの提案も必要となっている。

・外出から戻った時の玄関先の手洗い・クローゼット設置などの感染症対策も必要な提案の一つである。

## Ⅱ　With コロナ時代の対応策

　日本経済は 2018 年 10 月より景気後退に入っており、今までのやり方が通用しない段階に入ってきている。人口減少、超高齢化社会、一人世帯の増大、空き家増大などから住宅業界は住宅着工数の減少衰退期に入ってきたことからも、大変革することを余儀なくされている。消費税 10% へのアップや、コロナ感染症がそれに追い打ちをかけるもので、住宅業界も住宅会社も大変革せざるを得ない時に来ている。受注は 2020 年 8 〜 11 月はコロナバブルというくらい順調であるが、その後が全く怖いという状況になることが予測されているので、変換は待ったなしである。今はまさしく変革クライマックスの時になるので、今までとは違うというくらいの破壊的イノベーションを行わなければならない。変革した企業のみが今後の勝者になれる時が今である。

## **Withコロナ時代の対応策**
### **①変革・破壊的イノベーションに本気で取り組む**

- ・CXとDXの革新
- ・働き方改革の取り組み
- ・法改正・民法他対応
- ・住宅マーケットの変化対応
- ・人間力の強化（人財の必要性）

### **②非対面型行動とコミュニケーションの強化**

- ・店舗型の苦戦⇒WEB・デジタルの活用
- ・展示場の在り方も変わる（集客・商談・確認の場）

図2

## (1)変革クライマックス時の破壊的イノベーションに本気で取り組む

　改善・改良ではなく、変革の破壊的イノベーションをやること、これが肝である。「やれる・やれない」の話ではなく、「やるしか残れない」。そのため新会社・新創業をやるつもりで、すべてを棚卸し・見直しを行う。現在と未来を見据え、考え、これだと思うことを徹底的にやり抜くことである。積極的ベンチマーキングをするとイノベーションが成就する。2019年の世界的イノベーション代表企業はベンチマーキングを実にうまく実践した企業である。なぜうまくいっているのかをつきつめて研究し、それを超えるものを編み出し徹底投資した企業である。たとえばユニクロの対抗馬に成長してきたワークマンも、市場、顧客、商品化、売り方などを徹底研究し、焦点を当て徹底実践してきた企業である。その他でもこのコロナ時に関係なく成長している企業があるが、これも徹底したこだわりで、群を抜いた良さ・特長・らしさで成功・発展しているものである。鍵は変革に徹底することである。

　具体的には

- ・CX（顧客体験）とDXの革新―デジタル革命といわれるようにDXを活用し、CS・CD・CT実現をする→価値あるCX（顧客体験）実現へ！顧客に最高の体験をしていただくことにより、顧客がシェアー・応援したくなる企業に成長することが大切。
- ・働き方改革の積極的取り組み―変化対応の強い企業に！
  テレワークによるコミュニケーションの強化。デジタル化による仕事の生産性向上。

　　出勤態の多様性とオフィスの変革が求められる。コロナ感染症は絶対に嫌なものだが、コロナにより、この働き方改革が一気に進んだものであり、さらに本格的に進んでいくきっかけになっている。

・法改正、民法他対応は必須
・人間力の強化（人財の必要性）―この変革と進化・深化・新化では特に人財が必要になってくる。DX・CX に対応可能な人財に成長できる企業体質を構築していくことが重要である。

### (2)非対面型行動とコミュニケーションの変容対応・強化

　2000 年 6 月以降は対面型の接客ができるので問題ないが、またコロナが再流行すると顧客との対面が不可能となる。この場合も想定して非対面型のビジネスモデルも構築していく必要がある。一方で顧客対応の中でデジタル活用することで一層うまくコミュニケーションができ、業務促進ができている例も多く発生している。ZOOM などの活用や、他のデジタル活用で説得性やコミュニケーション力が大幅に進行し、営業や業務の効率化に役立ってもいる。

・展示場の在り方も変わる（集客から商談・確認の場）―デジタルの活用で営業形態の進化
・消費者意識と行動の変化対応及び住宅マーケット減少への対応―WEB・オンライン＋リアルの融合による対応が絶対条件になる。消費者・ユーザーに迎えられる企業に！
・オンライン営業（発見・案内・説明・打合せ等）の強化―オンラインイベントの工夫とインサイドセールスの活用が必要になってくる。あと業務の徹底見直しで、営業展開の中でデジタル活用をしていくと、効果も生産性も上がるようになる。

## Ⅲ　After コロナ対策

　時代の変化に対応し、With 時代の内容をより徹底実践する。
　さらに商品力強化・新ビジネスモデル構築・それらの迅速な実践行動を徹底する。
　経営力強化を図る。そのため理念に基づき目的・目標明確と PDCA（マネ

**働き方改革をどんどん進めていこう！**

**今までの働き方を変えるしかない⇒変化対応の強い企業に！**

- テレワークによるコミュニケーションの徹底⇒強化
  社内・社外との・お客様とのコミュニケーション
- デジタル化による仕事の生産性向上
  ミス・ロス・ムダの排除
- デジタル演出による営業強化
- 出勤形態の多様性
- オフィスの変革

**⇒燃える集団・社風に**
**参画型・オープンな雰囲気**

図3

**Afterコロナ対策**

**時代の変化に対応する働き方改革と**
**商品・ビジネスモデル・実践行動を**

| | |
|---|---|
| 商品 | 売りたい客に売りたい商品 |
| | 断熱・耐震・環境対策・暮らしの実現 |
| | ゆとり住宅×企画住宅の2極化 |
| ビジネスモデル | 時代と商品にあった新しいビジネスモデル |
| | CX・DX　　　WEBとリアルの融合 |
| 実践・行動 | 迅速な実践・行動を |
| | 目的・目標明確のPDCAの実践 |
| | CS・CD・CTの実現⇒CX実現 |

図4

ジメントサイクル)の実践を徹底することである。

## IV　With・Afterコロナ時の共通基本対応事項

1. 価値観共感→信頼獲得営業

　顧客の信頼を獲得(ファン化)。モノを売るのではなく、理念を徹底的に伝える。

　商談・受注・工事・入居のあらゆる段階でCX実現をし、ファン→シンパに成長していただけるようにベストを尽くす。

2. 業務フロー・業務内容の見直し・再構築→決めたものの実践徹底。

　業務と業務内容の棚卸し・見直しをし、最適に進化させる。

　実践するために人間力向上を図り、心を込めた対応ができるように進化する。

3. 顧客管理方法の確立—仕組みとデジタル化による運営。

中長期管理客育成や既顧客管理用のコミュニケーション強化を図る。ここには仕組みや仕掛けがいる。今までの顧客管理システムを進化させ、情報提供・ふれあいと絆化が重要になる。デジタル活用が必須。デジタル活用なくしては荷が重い。

4. 紹介受注の強化

入居者との密なるふれあいとコミュニティー（絆会など)によるフォローが大切。暮らしを楽しむためのサービス(DIY、職人さんを活用したサポート)なども求められる。シェアーしていただけるように OB 客様をうまく巻き込むこと。

5. 地域・社会貢献も積極的に取り組んでいく必要がある。地場工務店・ビルダーの未来は地域の発展に深くかかわりあっているため顧客と地域の方に役立つことが大切である。


言うまでもないが、コロナ禍では、十二分に注意対応厳守の必要がある。


**With・Afterコロナ時代＋住宅マーケットの減少傾向での基本対応事項**

① **価値観共感→信頼獲得営業**
　　顧客の信頼を構築（ファン化）。
　　モノを売るのではなく、理念を徹底的に伝える。
② **業務フロー・内容の徹底**
　　人間力を上げ心を込めた対応
③ **顧客管理方法の確立**
　　データベースを重視。中長期管理客に対しては仕掛けと情報発信、
　　入居客管理でのふれあいと情報提供。シェアーしていただけるまでの努力
④ **口コミ　紹介受注を重視**
　　自然発生はありえない。全て仕掛けが必要
　　紹介制度を構築すると共に、コミュニティーなどによるフォロー
⑤ **WEB・ＳＮＳの活用**

**図 5**

**特集：提言　新型コロナ危機と居住福祉の課題**

# コロナ禍での大学教育と学生の学び

黒木宏一(新潟工科大学　工学部工学科　建築・都市環境学系准教授)

## I　はじめに

　新型コロナウイルスの感染拡大が始まった 2020 年 2 月下旬、大学の現場でも卒業式や様々なイベントが次々と中止となった。この時期は、卒業生にとっては、残り少ない学生生活の、締め括りの大事な時期である。本学でも卒業式は中止となり、例年私の研究室で行っていた最後のお別れの会も出来ずに終わった。社会に出る前に、しっかりと大学生生活を終わらせてあげられなかったことが、今でも悔やまれてならない。本稿では、大学の教育現場でのコロナ禍での様々な課題や、学生の学びという視点から報告したい。

## II　コロナ禍での学生の学びの環境と課題

　筆者の勤務する新潟工科大学は、新潟県柏崎市にあり、人口 8 万人程度の地方都市の山間地域に位置する。感染拡大により、卒業式はもとより、入学式も他の大学と同様に中止となった。新入生にとっては、新たな環境で学ぶ節目の式もガイダンスもなく、大学としても 4 月以降、どういう形で授業をスタートするか決めかねている中で、他大学のオンライン授業のスタートに追随する形で 5 月の連休明けからの開始となった。高校までの授業のスタイルと全く異なり、大学では本人が受けたい講義を選び、登録し、受講していくと言ったシステムの戸惑いが大きく、また一人暮らしをスタートした学生にとっては、新たな生活環境への不安の中でのスタートであった。この環境での一番の課題は、同じ大学で学ぶ友人を作り出せないことがある。特に県外から本学に入学した学生は、友人をつくるすべやきっかけが全くなく、孤立した中での大学のオンライン授業スタートとなり、不安を語れる、解消できる相手の不在が大きいストレスをもたらしていたと考えられる。

　こうした状況に対し、本学では教員が 1 年生から助言やアドバイスを行っ

ていく助言教員制度がある。この制度をうまく活用し、直接電話を行う、メールなどで不安や相談に乗るなどの対応をとった。また、6月には入学式を挙行、7月には、新潟県内の大学としては早期の対面授業を段階的に開始し、少しでも新入生、在学生の学びを止めない取り組みを行なってきた。こうした取り組みの結果として、入学式に参加した学生は、友人をつくるきっかけができ、大学に関する相談の相手を広げていく環境を得られたようである。また段階的な対面授業によって、大学のキャンパスで学べる安堵感を感じている学生も多かったように思われる。これらの取り組みの陰で、うまく大学の授業スタイルやオンライン授業に馴染めず、対面授業をスタートしても大学に出てくることが難しい学生も一定数出てきており、こうした学生へのケア・対応も喫緊の課題として挙げられる。

## III　研究室活動への影響

　筆者の研究室でも、4月以降、大学の方針で学生は入構禁止となり、オンラインによる研究室ゼミをスタートさせた。研究室の従来のゼミは、4年生と大学院生、教員がそれぞれ議論・ディベート形式でそれぞれの研究テーマから研究・調査方法を決定していくスタイルをとっていたが、オンラインとなると、どうしても議論が淡白になり、本質に迫るような結論までにはなかなか至らず、それぞれの研究が進みにくいという課題があった。対面授業のスタートと合わせ、徐々に対面形式のゼミへと移行して行ったものの、昨年度の研究と比べると2カ月ほど遅れての本格スタートとなった。また、本格スタートした後の調査においても、感染予防の観点から、従来通りのヒアリング調査、アンケート調査が難しく、調査先とのしっかりとした関係性をどう築いていくかが課題となった。幸いにも筆者の研究室では、コロナ禍以前から関係のできていた調査先や調査地域があったため、研究の趣旨などの理解を得やすく、非常に手厚いサポートを得やすい環境にあったが、新規に研究フィールドを作り出していく上では、今年度の状況では、今までにないハードルが出てくることが考えられる。

## IV　Withコロナ、afterコロナの大学教育

　日本の大学では、一斉に、かつ強制的なオンライン授業がスタートした

ものの、9月以降、徐々に対面授業が再開されつつある。オンライン授業は、これまでの対面授業にはない、例えば、オンデマンドの授業動画を見て反転授業に活かす、場所を選ばず学ぶことができるなど、新しい教育技術として評価されている面もある。一方で、学生にとっては、教員や学生同士が顔と顔を突き合わせて学び合うからこそ生まれる教育の価値は、オンライン授業ではスポイルされてしまう。学生や教員にとっては、大学で学ぶ意味を問い直す機会となり、リアルな大学での学び、大学の中で育まれる人間関係、大学4年間でしか獲得することのできない経験とは何か、を改めて考えるきっかけになっている。居住福祉を、暮らしを支える全てのひとやもの、ことの総体と捉えるのであれば、大学教育もその一つであろう。コロナ禍は、そうした学びの環境にも大きな影響をもたらし、そのことが、逆に大学の教育・研究とは何か、学ぶことは何かというテーマを投げかけている。

**特集：提言　新型コロナ危機と居住福祉の課題**

# 地域生活定着支援センターの役割とその運営上の課題
## ——コロナ禍に顕在化された脆弱性

掛川直之（立命館大学）

## I　本稿の背景と目的

　2019 年末に中国で最初に発見され、2020 年 3 月末までに、100 を超える国々において全面的あるいは部分的な都市封鎖が強行される要因となった新型コロナウィルス。世界各国をみわたせば、まるで映画のワンシーンのような都市封鎖が強行され、いささか過剰にさえも思われる厳戒態勢が敷かれた。日本でも 2020 年 4 月 7 日から 5 月 25 日までのあいだ、新型インフルエンザ等対策特別措置法 32 条 1 項に基づいた「新型コロナウィルス感染症緊急事態宣言」が発令され、都市間の移動に対して大幅な制限がなされた。連日、政府は、感染者数を公表し、メディアはそれを垂れ流すように報道している。そして、市民の多くは、感染者数の多寡に一喜一憂する。都市封鎖を正義であるかのように捉え、わたしたち一人ひとりの人権が制約されている、という意識は希薄である[1]。果ては「自粛警察」などといわれるはた迷惑な自警団もどきが結成され[2]、政府は実際にはほとんど誰もつけることのないいわくつきの布マスクを多額の予算を投じてのんびりと配布した。

　「三密（密閉、密集、密接）を避ける」というスローガンがどこかしこで喧伝されるなかで、あえて 3 密状態をつくりだす刑務所は、目には見えない脅威への対応を迫られている[3]。むろん、このような対応を迫られるのは、保護観察所や地域生活定着支援センターといった関連機関においても例外ではない。件の緊急事態宣言の発令以降、その担い手に対する対応は二つにわかれた。国家公務員である刑務所の福祉専門官や保護観察官については、テレワークが採用され出勤日が大幅に削減されるなど、その担い手の安全も保護された一方で、委託事業にすぎない地域生活定着支援センターについては、各センターの裁量に委ねられるところが少なくなかった。もっとも、疫病が蔓延

しようと、大地震や大型台風に見舞われようと、出所日は待ったなしの状態
にある。極めて限られたスタッフで、出所後の地域生活を支えていく地域生
活定着支援センターの相談員は、そうそう簡単に在宅勤務を決め込むわけに
もいかない[4]。

　本稿の目的は、コロナ禍をも踏まえて、地域生活定着支援センターの役割
とその運営上の課題を明らかにすることにある。そこで、本稿においては、
まず、地域生活定着支援センターがそもそも有している役割を確認したのち、
その運営上の課題を整理する。そのうえで、緊急事態宣言が与えた地域生活
定着支援センターへの影響について論じる。そうして、コロナ禍によっていっ
そう顕在化されることとなった地域生活定着支援センターが抱える脆弱性に
ついて明らかにしていきたい[5]。

## II　地域生活定着支援センターの役割

　刑務所等に収容されている者のうち、高齢または障害のため釈放後直ちに
福祉サーヴィスを受ける必要があるものの釈放後の行き場のない者は、釈放
後に必要な福祉サーヴィスを受けることが難しい。そのため、2009年度か
ら地域生活定着支援事業、現在の地域生活定着促進事業が開始された。この
事業では、各都道府県に設置された地域生活定着支援センターが、刑務所等
の矯正施設に収容中から、刑務所等や保護観察所、さらには地域の〈純粋な〉
福祉機関と連携して、釈放後から福祉サーヴィスを受けられるよう調整がお
こなわれている。

### (1)主な業務

　地域生活定着促進事業におけるセンターの主な業務は、①コーディネー
ト、②フォローアップ、③相談支援となる。

　まず、①コーディネートとは、保護観察所からの依頼に基づき、刑務所等
に入所中から、福祉サーヴィスにかかるニーズの確認等をおこない、受入れ
先施設等の住まいの調整または福祉サーヴィスにかかる申請支援等をおこな
う業務をいう。

　ついで、②フォローアップとは、コーディネート業務を経て、刑務所等か
ら出所するさいに本人を出迎え、調整先の住まいまで送り届けたのち、本人

はもちろん受入れ先の施設等や生活支援をおこなう支援者等に対して必要な助言等をおこなう業務をいう。

　最後に、③相談支援とは、刑務所等から出所した者の福祉サーヴィスの利用等にかんして、本人やその関係者からの相談に応じて、助言その他必要な支援をおこなう業務をいう。捜査・公判段階での「入口支援」と呼ばれるものも本稿執筆時点ではこの業務の一環としてとりあつかわれている。

　これらの 3 つの業務のほかに、近年、④受入れ先の施設等の新規開拓や関連する多機関との連携、支援ネットワークの拡充がその業務としての重要度を増している。

### (2)特別調整

　刑務所等の矯正施設に収容されている者のうち、高齢または障害により自立が困難で、しかも適当な帰住予定地もない者が、釈放後すみやかに適切な福祉サーヴィスを受けることができるようにするため、保護観察所では、更生保護法 82 条に基づき、生活環境の調整について特別の手続きを実施している。これを特別調整という[6]。

　この特別調整対象者の選定プロセスについては、刑務所ごとに異なるが、第一段階として刑務所内部における選定および保護観察所への協力依頼、第二段階として保護観察所による選定を経て、保護観察所から地域生活定着支援センターへの協力依頼がおこなわれる、という流れが一般的である。

　特別調整の対象者は、2009 年 4 月 17 日法務省保観策 244 号法務省矯正局長・保護局長通達により、以下の 6 つの要件をすべて満たす者でなければならないとされている。

①高齢(おおむね 65 歳以上)または障害(身体・知的・精神の障害)が認められること
②釈放後の住居がないこと
③福祉サーヴィス等を受ける必要があると認められること
④円滑な社会復帰のために特別調整の対象とすることが相当と認められること
⑤本人が特別調整を希望していること
⑥本人が個人情報の提供について同意していること

　この 2 つ目の要件からも明らかなように、地域生活定着支援センターは、居住支援を前提とする機関であるといえよう[7]。

### (3)特別調整による支援の特徴

　特別調整の手続きによれば、その要件に照らした支援ニーズや、住民票所在地や逮捕地、福祉サーヴィス受給歴の有無、所持している福祉関係の手帳やその取得見込み、障害基礎年金の有無、家庭環境や教育環境といった生育歴、入所前の就労歴、老齢年金・社会保険等の加入状況、知能指数、ADL の状態、刑務所内での対人トラブルや特異動静、懲罰の有無とその内容、改善指導プログラムの受講状況や刑務作業の種類、現在症や既往症、投薬状況、これまでの犯罪歴や現有資産、領置品などについて、一定の情報提供がなされる。また、刑務所等の福祉専門官や保護観察官によって、福祉的支援を受けるにあたっての一定の動機づけがおこなわれていることもあり、支援に入りやすくなることもある。出所する半年程度前から支援を開始でき、アクリル板のない部屋で 1 回 1 時間程度の比較的長い面接時間の確保できるというメリットもある。刑務所等の福祉専門官と連携をはかり、服役中から障害者手帳の取得や介護認定手続きがおこなえるほか、診療情報提供書や健康診断書が必要に応じて提供されることもある。出所時に最大 2 週間分程度の処方箋の提供も受けることができる。

### (4)刑事司法ソーシャルワークの専門機関としての地域生活定着支援センター

　地域生活定着支援センターは、日本で唯一の公的な刑事司法ソーシャルワークの専門機関であるといえる。〈純粋な〉福祉機関がもつ、本人の困りごとのひとつとしての犯罪行為という視点にくわえて、本人の拘禁経験や、本人が再犯をしないで済むためにはどうしていけばいいのか[8]、犯罪行為を手離して平穏に地域生活を営むためにはどうしていけばいいのか、という専門的な視点を含めて支援を組み立てていくことが求められる[9]。地域生活定着支援センターの役割は、出所日までに、クライエントとなる受刑者の出所後の生活環境を整え、地域の支援者にその後の生活支援を託していくことが主となる[10]。

　出所者と呼ばれる人には、両親からの愛情をいっぱいに受けることのでき

た家庭に生まれ育った人はあまり多くない。また、相手の気持ちを汲みとっ
て会話をしたり、共感したり、社会の枠組みを見定めて生活することが不得
意な人も少なくない[11]。自分が何に困っていて、周囲の人びとから受け入れ
られていないことにも本人は気がついていないことさえもある。くわえて、
自らの同意がどのような結果を招くかなど構うことなく、その場の空気で投
げやりに同意してしまうことも少なくない。本当は誰かと話をしたくても、
そのときに、何を話していいか適切な話題が思いつかなかったり、上手にコ
ミュニケーションをおこなうことが苦手な人も多い。本人も気がついていな
い生きづらさの根底にあるものを、周囲の人びとが気づくことは存外に難し
く、向き合っていくためには、決して短くない時間と果てしないほどの根気
が必要となる。

　刑事司法ソーシャルワークの専門機関としての地域生活定着支援セン
ターは、本人の特性を理解し、犯罪行為の背景にある困難を解消できるよう
に生活環境を整え、福祉サーヴィス等を駆使し、社会にとどまり続けられる
よう専門職としてよりそっていくことが求められる。社会にとどまり続ける
ためには、単に物理的な住まいを用意し、利用できる福祉サーヴィスを組み
合わせるだけでは不十分である。わたしたちの誰もがそうであるように、中
長期的な目標や、短期的な目標、日々の生活における些細な楽しみ、そして、
自分がここにいていいのだと思える安心できる人間関係づくりこそが重要と
なる。こうした些細な日常の小さな積み重ねこそが、生活の安定をもたらし、
結果的に再犯に至らずに済む日常とつながっていくのである。

　もっとも、地域生活定着支援センターは、基本的には各都道府県に1カ所
しか設置されていない。その主な役割は、刑務所等に入所しているあいだに
受刑者が出所後に地域での生活に定着していけるように地域の社会資源や支
援者を結びつけ、貧困と社会的排除のスパイラルを断ち切り、地域の支援者
たちにバトンを託し、後方支援をおこなっていくことが中核におかれること
となる。くわえて、受け皿となる地域の社会資源や支援者の開拓もまた地域
生活定着支援センターが担う役割となっている。

## Ⅲ　地域生活定着支援センター運営上の課題

　このように、刑事司法ソーシャルワークの専門機関として位置づけられ、

認知されるようになってきた地域生活定着支援センターだが、設置から10余年が経過した今もなお、明確な法的な位置づけがなされないままに「生活困窮者就労準備支援事業費等補助金」のメニュー事業として実施されており、各都道府県から事業主体が、社会福祉法人、一般社団法人、特定非営利活動法人等に委託して運営されている。

　同センターは、1350万円が国からの補助基準額として設定されており、各センターの過去3年分のコーディネート業務・フォローアップ業務の業務件数に応じての傾斜配分がなされている。以下、著者がおこなった「地域生活定着支援センター受託団体の変更に関する全国調査」の結果を紹介しながら課題を整理していく[12]。まず、運営費の最高額は、2500万円となっていた（掛川 2020a:100）。また、都道府県に独自の予算措置がおこなわれているセンターは6にとどまっている一方で、受託団体の持ち出しによる運営費負担がおこなわれているセンターが20あり、受託事業者の負担は大きい（掛川 2020a:100-102）。契約の方法については、随意契約方式が22（63%）と最多であったが、入札によるプロポーザル方式が9（26%）、一般入札方式が2（5%）と不安定な事業者も少なくない（掛川 2020a:104）。契約期間についても、1年ごとの更新が30（85%）となっており、契約更新の時期も年度末である3月が24（68%）と大多数を占めている（掛川 2020a:104）。しかし、同センターは、社会福祉士などの専門職1人を含む6人の職員の配置が標準とされている。1センターに6人の職員を配置するとなると1人あたりの給与額をおさえるほかなく、1年ごとに事業の継続を問われることになれば年度末ごとに失業の危機を抱えながら安い給与で働かざるを得ず、労働条件としては劣悪なものとならざるを得ない（掛川 2020a:110）。

　さらに、地方都市の刑務所等に収容されている受刑者が大都市部への帰住を希望することが多い。大都市部のセンターの相談員が地方都市に面談等に行く際の旅費等は、大都市部のセンターの自己負担となっており、大都市部のセンターがより多くの運営コストを負担することになっているという問題もある（掛川 2020a:111）。さらに、現行の計算式のように、コーディネート件数を基準に考えた場合には、運営コストと運営費に一定の相関を読みとることができるが、現実には出口支援よりも労力がかかる入口支援が相談支援件数のなかにカウントされているという問題もある。センターによっては、入

口支援を実施していないところもあり、相談支援件数の内実は同じ1件でも大きく異なるという問題も孕んでいる(掛川 2020a:111)。

　そもそも、刑務所等に服役する受刑者は、多様な課題を抱えている。高齢・障害・児童・生活困窮といった従来の社会福祉のすべての支援領域にかかわる幅広い対象者が想定され、帰住先等の調整の際にも、そのすべての支援領域におけるネットワークを要求される。それにくわえて、同センターの相談員は、刑事司法手続きについても一定の知識を有していることが求められ、高度な専門性を要求される。したがって、新卒の新人には勤まりにくく、相談員の確保や育成にも大きな課題がある。また、センターの受託法人の規模によっても異なってくるが、大きな法人の場合には法人内における人事異動があるほか、純粋な福祉機関で働いてきたソーシャルワーカーにとっては刑事司法とかかわる特殊な業界のため離職率も高いといわれている。

　他方、根本的な問題として、現行の制度枠組みでは、高齢・障害といった課題がなければ福祉的支援の対象となりにくい。特別調整の対象者以外の福祉的支援が必要な人への支援を担当する専門機関がほとんどないため、支援対象者が高齢や障害といった課題をもっていなければならないという「資格化」の問題が生じていることにも留意が必要である(掛川 2020b:62-63)。

## IV　緊急事態宣言が与えた地域生活定着支援センターへの影響

### (1)全体としての指針

　緊急事態宣言の発令の前段階においては、地域生活定着促進事業を所管する厚生労働省社会・援護局総務課は、事務連絡として「新型コロナウィルス感染防止等のための当面の地域生活定着促進事業の業務等における留意点について」(2020年2月26日付)を発信している。この連絡事項には、手洗いの徹底、咳エチケット、マスクの着用等、事業所内の清掃・消毒といった一般的な事項のほか、支援対象者への対応として、新型コロナウィルス感染防止ということにも留意して、健康状態の悪化等が懸念される場合には医療機関への受診勧奨等をおこなうこと、適時の情報を入手することが困難な状況であることが多い支援対象者に対して関連情報の提供を進めることなど、が強調された。

　緊急事態宣言発令後には、同じく事務連絡として「緊急事態宣言後の地域

生活定着促進事業の業務等における対応について」(2020年4月8日付)を発信し、おおむね、以下の4点についての徹底が指示された。

(1)基本的留意事項

上記事務連絡による留意点に加え、いわゆる「三つの密」を避けるとともに、職員等の手洗い、咳エチケット等の徹底、事務所内の換気等の励行、発熱等の風邪症状が見られる職員等の出勤免除や外出自粛勧奨等を行うこと。

(2)対面接触の回避

支援に当たっては、個人情報保護及び情報セキュリティーに留意の上、関係機関等における感染拡大防止対策も考慮して、可能な限り、テレビ会議システムの活用、電話等の通信による対面しない方法での支援などを検討すること。

訪問等による支援については、支援対象者の状況等に応じ、訪問の必要性が高いケースに限定すること。

(3)支援ネットワーク構築等の業務

地域生活定着支援センターが主催する研修や協議会等は、原則として、自粛又は延期すること。

(4)業務の一時停止

都道府県知事の要請の内容、地域生活定着支援センター職員に感染者が出た場合、受入れ先である福祉関係事業者の状況等の事情により、やむを得ず地域生活定着支援センターの業務を停止するときは、コーディネート業務については保護観察所の長からの依頼に基づく生活環境の調整への協力であることから、保護観察所と対応について協議をすること。また帰住希望地又は帰住予定地として他県のセンターからの支援業務協力依頼により支援を行っているケースについては、業務停止となったことを協力依頼元の所在地センターに報告し、所在地センターは矯正施設の所在地を所管する保護観察所と対応を協議すること。

支援中の対象者に対しても、矯正施設担当者や受入れ先施設職員等を通じるなどして、丁寧に事前説明を行うこと。

なお、全国地域生活定着支援センター協議会が2020年5月8日から18日

のあいだにおこなった「緊急事態宣言に係るアンケート調査」(以下、「全定協調査」)によれば、48 センターのうち回答した 47 センターすべてが、緊急事態宣言後の業務に支障が生じたとしている。以下、緊急事態宣言下において、同センターの相談員として参与観察をおこなっていた著者が遭遇した事態をまとめておく。

## (2) コーディネート業務に与えた影響

　平時、特別調整の面談は、刑務所において、アクリル板を挟まずに、和やかな雰囲気のなかでおこなわれてきた。それが、コロナ禍においては、上述した事務連絡に基づき、刑務所と保護観察所とをつなぐ法務省独自のテレビ会議システムを用いての面談となった[13]。モニター越しには、支援対象者のノンバーバルな部分を読みとりにくく、とくに初回面談の場合には、信頼関係をつくっていく基盤を築くための大事な機会を不完全なかたちでおこなわざるを得なかった。移動が限定されるなかで、都道府県の圏域をまたぐ広域連携は制限がより大きくなる、という事態も生じた[14]。

　また、緊急事態宣言下においては、刑務所の福祉専門官、保護観察所の保護観察官が、週の半分以上が在宅勤務となり[15]、刑務所と保護観察所とをつなぐテレビ会議システムも普段以上に混み合ったため、日程調整が大きな壁となった。

　さらに、障害者手帳取得のための判定や介護保険の認定調査などが遅延、あるいは停止たり、帰住先の福祉施設等との調整も困難を極めた。地域によっては、受入れを拒否されることもあったという。市役所等の関連部局に電話をするも、市役所の職員も在宅勤務が多く、半日かけ続けても電話がつながらないということも少なくなかった。

　そもそも、緊急事態宣言が出ていようがいまいが、出所日は変わらない。国家公務員たる福祉専門官や保護観察官が、在宅勤務の導入など恵まれた環境のなかで勤務していた一方で、委託事業である地域生活定着支援センターの相談員は、コロナ禍に特段の配慮を受けることなく、丸腰で臨まざるを得ない状況にあった[16]。

### (3)フォローアップ業務に与えた影響

フォローアップ等での福祉施設等への訪問は見送らざるを得ない場合が少なくなかった。出所当事者の多くは、携帯電話等をもたず、インターネットを駆使できる者も少ないため、訪問しての対面でのコミュニケーションを絶たれると、連絡手段が極めて限定されることとなった。障害者の就労支援事業所等も閉鎖されたり、限定的な開所となったりすることによって、日中の居場所を奪われてしまう者も生じた。

### (4)その他の影響

相談援助の一環で、入口支援としてかかわる裁判の日程が延期になったり[17]、ネットワークづくりのための研修は延期や中止を余儀なくされた。徐々にオンライン開催等に切り替わっていたが、参加者同士の顔の見える関係づくりという意味では大きな打撃を受けることとなった。

### (5)特別定額給付金が与えた影響

特別定額給付金(新型コロナウィルス感染症緊急経済対策関連)は、受刑者も当然に申請することができる。基準日である4月27日以前に住民票が職権消除され、基準日以降に住民票を新たに設定したとしても[18]、申請の権利が発生するものとされている。刑務所によって扱いは異なるが、申請については周知されており、希望のあった受刑者には申請の援助もおこなっているというが、あくまで本人の意思に基づくものであるとされていた。

出所後、地域生活を営んでいる者は、言うまでもなく申請可能である。出所者の多くは、生活保護を受給しているが、申告は必要であるが収入認定はされない運用がとられた。ただし、受刑中に申請し、出所後、生活保護を申請する際にこの給付を受けていた場合には、所持金とみなされることとなっていた。したがって、この10万円を消費してからしか生活保護を申請できない、という事態も生じた。

また、出所当事者のなかには、この10万円を手にすることによって、気が大きくなってしまい、落ち着いて生活していた人が我慢していたお酒を呑みに行きたくなったり、突然に現在の住まいから転居したいと申し出たり、出奔したりしてしまう事例も少なからず発生していた。

## V 小 括

　疫病が蔓延しようと、大地震や大型台風に見舞われようと、出所日を遅らせることはできないし、遅らせるべきではない。国家公務員たる福祉専門官や保護観察官は、在宅勤務に移行することができても、委託先の民間団体にすぎない地域生活定着支援センターの多くは、十分な保障を享受することはできないままに通常業務をこなしていかざるを得ない状況下におかれることとなった。コロナ禍という災害下において、地域生活定着支援センターの運営上の脆弱性がより顕在化されたことになる。

　地域生活定着支援センターは、高齢や障害といった課題を抱えた受刑者の「住まい」をみつけ、その住まいに住み続けるための支援が地域の支援者によっておこなわれるようにコーディネートし、出所当事者と、その生活を直接的に支援する支援者とをフォローアップしていくことを主な役割としている。いわば、出所当事者という「個を地域で支える」支援と、その出所当事者を支える社会資源と支援者を含む地域という「個を支える地域をつくる」支援とを一体的におこなう機関であるといえる (岩間 2019:65)。

　日本では、貧困と社会的排除のスパイラルに陥り、比較的軽微な犯罪をくり返す高齢者や障害者の存在が可視化されつつある。かれらを犯罪者として特別視して、排除してしまうのか。それとも、かれらの犯罪行為の背景に隠された生きづらさによりそう生活支援をおこない、わたしたちの隣人としてともに生きていくのか。現行の制度枠組みのなかでは、地域生活定着支援センターは、かれらと地域とをつなぐ重要な役割を担っているといえる。にもかかわらず、明確な法的な位置づけがなされないままに、予算をはじめとする脆弱な運営体制と、過酷な労働環境のなかでの自転車操業が続けられている。コロナ禍により、刑務所や保護観察所といった隣接する他職種との差がより明確化することとなり、その制度的な脆弱さはより強調されることとなった。地域を基盤とした出所者支援を持続可能なものとするためにも、その運営体制の早期の見直しは喫緊の課題といって過言ではない。

## 注
1　杉田 (2020：256) は、「人権意識の強い諸国でも政府による行動制限が広く受け容

れられたのは、罰則が厳しいからではな」く、「自分たちの生命・健康を守るために、自分たちへの『規律』が必要だと多くの人々が認めたから」であり、「さまざまな分断という重大な副作用もあるが、それでもなお、そこでの権力が人々の自発性に基づいているという点をも落とすべきでない」と指摘している。

2　鴻上・佐藤（2020）は、日本社会に蔓延る「同調圧力」がこのような息苦しさを生む、という。また、杉田（2020：253）は、「『自粛警察』と呼ばれるような散発的な自警団的な存在が権力の主たる担い手とな」り、「『規律』権力は、政府が上から押し付けるものと言うよりは、人々の間から、すなわちいちばん下から湧き上がって来る」と指摘する。

3　コロナ禍の刑務所への影響については「逃走防止のため、究極の『3密』といえる状態がつくり出される矯正施設。受刑者は高齢化し、重症化の懸念もある。九州の施設は個室を増やし、面会制限を設けるなど対策を強化するが、ウイルスの持ち込みを防ぐのは容易ではない」といった記事が出ている（『西日本新聞』2020年7月25日 https://www.nishinippon.co.jp/item/n/629281/ 最終閲覧日2020年7月31日）。また、大阪刑務所では、「刑務作業場では受刑者にマスクを着用させるが、作業場と居室との移動時には認められていない。居室や作業場には消毒液もなく、作業時の受刑者同士の距離を確保する措置も不十分であり、感染症対策が不充分」であるとして、「男性受刑者が、人身保護法を根拠に感染対策を求める訴え」を提起している（2020年9月22日『朝日新聞』朝刊1面）。

4　本稿は、著者が、2018年5月から継続的におこなっているA地域生活定着支援センターにおける相談員としての参与観察の成果の一部である。本稿における見解は、この福祉臨床の経験や諸先輩方からの助言、さらには個々のケースワークから学んだところが大きい。しかしながら、それらはすべて著者個人の見解であり、言うまでもなく組織を代表するものではない。

5　なお、本稿は、本誌編集委員長の依頼に基づき、コロナ禍において地域生活定着支援センターが遭遇した困難について記録するものである。

6　このほかに、釈放後の住居はあるものの、福祉的支援のニーズを有している受刑者等が対象となる一般調整（特別調整に準じた調整）や、刑期が短い、予定していた帰住先に出所が近づいた段階で帰住できなくなった者、出所後ただちに医療機関に入院が必要な者など特別調整や一般調整による支援をおこなうことができない受刑者等に対しては、刑務所等の福祉専門官が独自に調整をおこなう独自調整といわれるものがある。

7　掛川（2020b：104-109）は、出所者の居住支援において、単に住む場所を準備するだけではなく、その住まいに、「住まう」こと、すなわち、生活すること、人とつながることを意識することが重要である、と指摘する。

8　山田(2018：35)は、「犯罪をしない生活をめざすことは本人の意向を制限することにもなり、福祉支援者自身がジレンマを抱える」ことにもなる、ということを指摘したうえで、「自由のない世界から"私らしい生活"に自然に流れていける」ような生活支援の必要性を強調している。

9　ここでは主に刑務所等出所時の支援(いわゆる「出口支援」)を想定しているが、捜査・公判段階での支援(いわゆる「入口支援」)の場合には、刑事司法手続きについての専門的な知識を有しておく必要があり、厳しい時間制限のなかで、より専門的な支援を展開していくことが求められることになる。

10　伊豆丸(2017：10)は、司法と福祉の連携は、「それぞれのセクションが、最終的なゴール、すなわち『社会復帰』に主眼を置き、その実現に資する様々な様子をかき集め、自身の次のセクションを担う機関、検察や弁護士であれば裁判所、裁判所であれば社会資源や刑務所へと、一連の流れの中で引き継いでいくこと」に目的がある、という。

11　本稿が想定する出所者の生活史については、掛川(2020b：71-89)を参照されたい。

12　同調査は、全国48カ所の地域生活定着支援センターに対して、Google フォームを用いた Web による質問紙調査によって実施した(調査期間：2018 年 12 月 18 日～2019 年 1 月 21 日)。回収率は、73％(48 施設中 35 施設)であった。なお、本調査の詳しい結果については、掛川(2020a)を参照されたい。

13　緊急事態宣言解除後は、一般面会がおこなわれるアクリル板のある面会室、通常の面会室に透明のビニールシートが張られたものを挟んだ面会等へと徐々に制限が解除されていった。とくに、高齢などの理由で、対象者が大きな声が出せない場合などについては、アクリル板やビニールシートの存在は、やはり面談の妨げとなった。

14　にもかかわらず、保護上移送ができずに、地域生活定着支援センターが他県まで本人を送り届けなければならなくなり、平時以上の業務の負担を強いられた事例も発生したということが、全定協調査では指摘されていた。

15　全定協調査によれば、「緊急事態宣言を受け、国の通知でも、テレワークやオンラインを活用した働き方が推奨されていますが、働き方を見直したことで、良い影響はありましたか」という問いに対して、「はい」と回答したのが 12 センター(25.5％)に留まり、35 センター(74.5％)が「いいえ」と回答している。

16　もちろん、週に 1 回程度の在宅勤務や時差出勤はおこなわれたが、極めて限定的なものとならざるを得なかった。

17　裁判の日程が延期になることで、身体拘束が解かれることとなった対象者もおり、その際には、急遽、帰住先の調整をおこなう必要性が生じたケースもあった。

受刑中の申請の場合には、刑務所に住民票を設定することになる。

# 付 記

　著者が参与観察をおこなう A 地域では、2021 年 1 月 14 日から 2 月 7 日までの予定で、2 度目の緊急事態宣言が発出された。近府県の地域生活定着支援センターの相談員がコロナに罹患する、という事態が漏れ聞こえてきたこともあり、著者が参与観察をおこなう A 地域生活定着支援センターにおいては、相談員の誰かがコロナに罹患し、他の相談員全員が濃厚接触者とされて機能不全に陥ることを危惧して、同年 1 月 18 日から、火曜・木曜・金曜午前の A 勤(3 名)と月曜・水曜・金曜午後の B 勤(3 名)とに分かれる勤務体制がとられることとなった。センター内での情報共有については、朝礼とランチミーティングというかたちで 1 日に 2 度オンライン形式での対話の場が設けられることとなり、その勤務のあり方は比較的大きく変容することとなった(本稿再校中 2021 年 1 月 28 日現在)。

## 参照文献

伊豆丸剛史(2017)「司法と福祉の連携：累犯障害者と地域生活定着促進事業」浜井浩一編『犯罪をどう防ぐか』岩波書店、205-225 頁

岩間伸之(2019)「地域を基盤としたソーシャルワーク」岩間伸之・野村恭代・山田英孝・切通堅太郎『地域を基盤としたソーシャルワーク：住民主体の総合相談の展開』中央法規、37-105 頁

掛川直之(2020a)「持続可能な地域生活定着支援センター運営にむけての一考察：『地域生活定着支援センターの受託団体変更に関する全国調査』結果から」龍谷大学矯正・保護総合センター研究年報 9 号、98–113 頁

掛川直之(2020b)『犯罪からの社会復帰を問いなおす：地域共生社会におけるソーシャルワークのかたち』旬報社

鴻上尚史・佐藤直樹(2020)『同調圧力：日本社会はなぜ息苦しいのか』講談社

杉田敦(2020)「コロナと権力」村上陽一郎編『コロナ後の世界を生きる：私たちの提言』岩波書店、247-257 頁

山田真紀子(2018)「地域生活定着支援センターの役割」掛川直之編著『不安解消！出所者支援：わたしたちにできること』旬報社、33-35 頁

**論 文**

# 中国・青海省チベット地区における牧畜民の居住選択に関する研究
## ——生態移民の二地域居住に焦点を当てて

彭毛 夏措 PENGMAO XIACUO（日本福祉大学大学院福祉社会開発研究科社会福祉学専攻 博士後期課程）

**要旨**：本稿の目的は、生態移民政策の「環境保護」と「貧困削減」の二つの目標を達成する方策として牧畜の生業地および都市移住地に居住地を置く二地域居住選択にかかわる関連要因を把握し、生態移民政策推進の具体的な支援策を展望することにある。このため青海省チベット地区における生態移民村の牧畜民家庭を対象に訪問面接式アンケート調査を行った。居住選択の回答が得られた471名を二地域居住の選択有無で群分けし比較検討した結果、性別や職業、居住年数、原住地の利用度が居住選択に影響することが示唆された。また生態移民の二地域居住を支援する上で都市部における就労・住宅・教育・医療衛生等を一体的に捉えた生活保障システムの充実の他、両地域間の交通手段にも着目する必要性が示された。
Key Words：生態移民、居住選択、二地域居住、チベット牧畜民

Residential Choices of Tibetan Yak Herders in Qinghai Province, China:The Case of Dual Residence Among Ecological Migrants
    The purpose of this article is to comprehend a dual residence status among Tibetan pastoralists in Qinghai Province, China. In order to achieve the objectives of environmental protection, and at the same time to improve local people's livelihoods, a social phenomenon of dual residence is established among Tibetan pastoralists, meaning that they have residential homes on the grazing land where they herd yaks, as well as homes in urban towns where they are resettled as part of ecological migration policy. This study clarifies the socioeconomic factors, migrant behaviors and their subjectivities as ways to explicate the dual residence phenomenon.
    We have conducted 471 surveys and interviews by visiting individual pastoralist families in Qinghai Province, including those who are not dual residents. The results of the surveys and interviews show that gender, occupation, and the length of living at the original residence affects choices of residences. Furthermore, we found that dual residence phenomenon is directly related to the livelihood security, housing, education, healthcare, urban hygiene quality, as well as transportation accessibility of ecological migrants.

# I 研究の背景と目的

　中国の少数民族集住地域では、西部大開発[1]の実施に伴い「貧困削減」と「環境保護」策との二つが1984年から近年に渡って重要な政策動向となっている。特に西部地区にある青海省チベット地域では、「貧困削減」と「環境保護」

策を同時に達成できるよう、生態移民政策[2]が補助政策として実施された。同政策は 2 期に分かれて実施され、合計約 1 億 27.30 万人の牧畜民を都市の移民村に移住させた。これらの移民は移住期間によって「永久移民[3]」と「十年禁牧期移民[4]」に分けられ、水源地からの距離によって、重点保護が必要な全村移住区域と、一部住民の移住によって放牧圧を下げる部分移住区域の 2 つに区分された（別所 2014）。また、生態移民の現状は、居住の自由が最も基本的な人権の一つでありながら、その保障がされず、住み慣れた地域からの移住を余儀なくされ、移民村という新居住地で様々な課題を抱えながら生活し続けている。

　生態移民の居住選択を検討する際、主に「都市生活」と「牧畜地生活」、「二地域居住生活」の 3 つの生活様式が考えられる。都市生活の選択とは、家族全員が移民村で生活し、そこで雇用、住宅、教育、福祉サービス等を充実させながら生活していく暮らし方である。それに対して、牧畜地生活は家族全員が都市部の移民村から牧畜地に戻り、牧畜生活を送る形式である。一方、本稿で扱う二地域居住は、政策が実施する都市と牧畜地両方を活用する暮らし方である。具体的には、子どもは都市部で充実した教育を受け、高齢者は牧畜地で生活し、若者は両地域間で行き来しながら生活する暮らし方、若しくは子どもと高齢者は都市部で教育と福祉サービスを受け、若者は両地域間に生活の場を置き、生産性をあげようとする暮らし方である（図 1）。

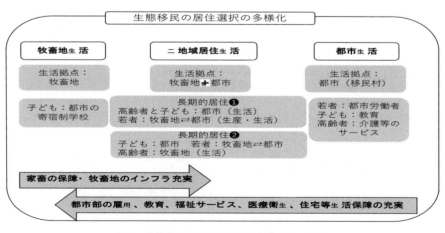

図1　生態移民の居住選択の多様化イメージ像

### (1)生態移民政策に関する先行研究

　一方、これまでの先行研究を概観すると、生態移民研究の殆どは移住後の都市生活への定着化が前提となり、都市生活の課題に関しては、国内外で多くの研究の蓄積がある（レビューとしては韋仁忠 2016：桑才譲 2016：杜発春 2014）。先行研究を総合すると、牧畜民の多くが都市生活に適応できず、本来の意味での自立ができていないと指摘されている（韋仁忠 2016）。他方で、原住地と関わりを持った居住選択の多様性及びその要因について十分に検討されていない。この点について、移住年数から原住地への帰郷願望意志の有無を論じられた研究（長命・呉 2012）や、移住距離が最も遠い移民こそ原住地に戻る意向が強いため、50km 以内の卿政府所在地移住型（卿内移住）が最も理想的な移住形態だと論じた研究（桑才譲 2016）、そして、移住後に生業転換された牧畜民は牧畜を維持している牧民より貧困に陥り、従来の伝統的な生活への回復を望んでいると指摘された研究（韓 2010）はあるものの、如何にすれば牧畜業を継続しながら生活の質を上げるのかという考え方について言及されていない。

　また、居住選択の多様化に焦点が置かれ、原住地と都市の間で行き来した生活を促進する研究は殆どなかった。居住選択の多様性に焦点を当てて来なかった背景には生態移民政策の「10 年禁牧期」が考えられる。生態移民の環境保護の側面と牧畜文化存続の立場から述べると「10 年禁牧期」により過疎化した牧草地は砂漠化が進んだり、野生動物が侵入して人間を襲ったりして「過少利用によるコモンズの悲劇」現象が起きているため、生態移民の環境保護としての機能に限界を及ぼしていた。

　一方、二地域居住が進んでいる日本の先行研究を見ると、二地域居住は地域への愛着や交友関係が深まり、自身の暮らし方を柔軟に変更すること（住吉 2017）、長期的な滞在になることで、消費の担い手として地域産業の活性化に資するのみならず、地域の担い手としての機能も果たしうるようになること（齋藤 2018）など、二地域居住の効果を肯定し、推進している。また、二地域居住の阻害原因を、距離より移動時間や交通費にあると論じた研究もある（河内ら 2018 年）。

## (2)居住選択の方策としての二地域居住

　二地域居住を施策として提案したのは日本の国土交通省である。国土交通省の 2005 年の報告書 で、二地域居住を「都市住民が、本人や家族のニーズ等に応じて、多様なライフスタイルを実現する為の手段の一つとして、農山漁村等の同一地域において、中長期、定期的・反復的に滞在すること等により、当該地域社会と一定の関係を持ちつつ、都市の住居に加えた生活拠点を持つこと」と定義された。また、2010 年の報告書 では、若者ら住居拠点を持たない人も二地域居住の対象とされた。さらに、2014 年の「国土のグランドデザイン 2050 」では、従来の単なる居住に留まらず、「二地域生活・就労」のライフスタイルを拡大しようとした。つまり、日本における二地域居住は限界集落問題や田園地域にける空き家活用など中山間地域の地域活性化に重要な役割を持っており、二地域居住の滞在拠点も多様である。しかしながら、現時点で「二地域居住」は政策効果というより、住民の個人レベルの移動に留まっていると考えられる。

　一方、本稿でいう生態移民の二地域居住は日本の中期的な滞在とは違い、長期的な居住を通して牧畜地の環境保護と貧困からの脱出を目指す。また、二地域居住を牧畜民の個人レベルではなく生態移民政策の一環として実施すべきだと考える。

　では、生態移民の居住選択を検討すると、現実として、都市型の移住先で牧畜民の多くは政府の補助金だけに頼り、本来の意味での自立ができず、貧困撲滅の目標達成に阻害を及ぼしている（韋仁忠 2016；杜発春 2014）。一方、原住地では、家畜の急減と牧畜民の都市への流出により、今日の日本社会と同じく限界集落のような「過少利用によるコモンズの悲劇[5]」が相次ぎ、環境保護の目標とは逆方向に走りつつある（シンジルド 2005）。そのため、環境保護との調和を図り、貧困からの脱出を同時に実現するには都市と牧畜地間で行き来し、地域特有の伝統文化を活かして発展を目指す二地域居住を生態移民政策の一環として検討する必要がある。

　そこで本研究の目的は、青海省チベット地区における牧畜民の生態移民政策の「環境保護」と「貧困削減」の二つの目標を達成する方策として牧畜の生業地および都市移住地に居住地を置く二地域居住選択にかかわる関連要因を把握し、生態移民政策推進の具体的な支援策を展望することにある。

## II　研究対象・方法

### (1)調査対象

　本稿では、2004 年から今日に至る青海省チベット地区で実施された三江源生態移民プロジェクト（第 2 期も含む）の対象者である生態移民の家庭に訪問面接式アンケート調査を実施した。うち、二地域居住を「望む居住選択」にした人は 88 人である（全体の 17.6％）。（**表 1**）。

表 1　調査概要表

| 調査概要 | 青海省チベット地区における三江源生態移民プロジェクトの対象地域である黄南チベット自治州、海南チベット自治州、ゴロクチベット自治州、玉樹チベット自治州の 4 つの自治州とコルム市の 18 ヶ所の移民村を対象に、500 家庭の牧畜民にアンケート調査を行った。うち 2 ヶ所の移民村は政府関係者の協力のもとで調査を実施した。 | |
| 調査期間 | 2019 年 2 月 10 日 -2019 年 5 月 1 日 | |
| 調査方法 | 訪問面接式アンケート調査<br>＊自由記述の部分は対象者の許可を承諾した上で録音した | |
| 回答割合 | 二地域居住選択者：88 名(17.6％)；二地域居住未選択者　383 名(82.4％) | |
| 項目 | 従属変数 | 二地域居住選択者・二地域居住未選択者 |
| | 説明変数 | 社会経済的要因：年齢、性別、学歴、家族構成、職業、年収、子供の数、家畜の割合<br>移住行動：移住年数、原住地の利用度、移住距離、行政範囲<br>主観的意識：長期的に暮らす意向、主観的満足度 |

### (2)倫理的配慮

　調査票表紙に調査の趣旨・目的、データの処理、保管方法、調査結果の公表等に関する配慮内容について明記した。承諾を得た対象者だけに回答依頼をした。なお、調査に先立ち、日本福祉大学福祉社会開発研究科研究倫理委員会(2019 年 1 月)を受審し、調査内容および方法について倫理的配慮が図られているとの承認を得ている。

### (3)二地域居住選択の定義と分析方法

　現状の生態移民研究では居住選択の多様性について殆ど触れて来なかっ

たが、実際、原住地への帰還願望をもつ牧畜民が数少ないことが先行研究か
ら見られる。そのため、

　本稿では、調査で得られた望む居住選択のうち、牧畜地と都市の間で行き
来して暮らしたいと選択した者を「二地域居住選択者群」(以下、選択者群)と
した。都市生活や牧畜地生活の選択者を「二地域居住未選択者群」(以下、未
選択者群)として群分けした。

　調査項目は、二地域居住選択に関連する要因として、①社会経済的要因、
②移住行動、③主観的意識に分類した。①については、年齢、性別、家族構
成、年収、学歴、家畜の割合、子供の数、②については、移住の距離、移住
の行政範囲、移住年数、原住地の利用度、③については、長期的に移民村で
生活する意向の有無、生活満足度を挙げた。

　分析方法として、まず、二地域居住選択の有無の比較をχ2検定、t検定
により分析した。次に、居住選択の関連要因を分析するため、二項ロジス
ティック回帰分析を行った。最後にインタビュー内容を加えながら、二地域
居住政策を実施する上で必要な支援策を当事者の立場より言及する。

## Ⅲ　結　果

### (1)基本属性の結果

　上述の定義に従って2群に分かれた対象者を各変数とで比較を行った。各
項目の中、質的変数にはχ2乗検定、また、Fisherの正確検定を、平均値の
差の比較にはt検定を用いて群間の比較を行った。

　二地域居住選択者群と、未選択者群との比較では学歴、収入、子供の数、
家畜の割合、原住地に戻っているかどうか、主観的満足度における群間の有
意差は認められなかったが、

　未選択者群の職業(p=0.001)や長期的に暮らす意向がある(p=0.004)と認識
する者の割合が選択者群に対して高い傾向にあった。家族構成(p=0.017)に
ついては、"夫婦と子供からなる世帯"が2群とも多いが"その他の世帯"(三世
代世帯、四世代世帯など)は選択者群の方が多い傾向にある。また、選択者群
は男性(p=0.001)や平均年齢(p=0.004)、原住地の利用度(p=0.000)が未選択者
群に対して多い傾向にあり、移住距離が50km-299kmの中間距離(p=0.038)、
移住の行政範囲が県内移住/州内移住、移住年数が未選択者群に対して少な

い傾向を示した(表2)。

### (2)二地域居住の選択有無と各要因との関連

　続いて、社会経済的要因、移住行動、主観的意識を説明変数とし、「二地域居住の選択者群・未選択者群」を目的変数として、強制投入法を用いた二項ロジスティック回帰分析を行なった。その結果、モデル係数のオムニバス検定は 0.1% 水準で有意となり、回帰式の有意性が保証される結果が得られた。なお、判別の中率は 88.8% であった。

　分析の結果、社会経済的要因に関しては、女性に対して男性(7.055:1.165-42.721)のオッズ比が二地域居住の選択に有意に影響していた。職業における無職(.079:.010-.627)のオッズ比は有意であったが、二地域居住選択の未選択への影響がわずかにみられた。

　年齢層における"若年層"(.140:.027-.727 )と"壮年層"(.148:.036-.612)のオッズ比は有意であったが、二地域居住選択の未選択への影響がわずかにみられる。

　また、移住行動の関連要因として、原住の利用度が月一回以上(9.084:2.088-39.517)の者が二地域居住選択への影響がかなり大きい。移住年数が 10 年以上 (5.267:1.628-17.043)の者が二地域居住未選択に有意に影響していた。一方、主観的意識と居住選択の間では有意な関連性がみられなかった(表3)。

### (3)インタビューの結果

　インタビューでは、現状の生活課題について実際二地域居住している者と都市生活している者の2つに分けて聞き取りした結果を表4で示した。二地域居住生活者(A 氏・B 氏)については、「人手が多く、ここでは補助金が貰えて、上で家畜も営んでいるから生活上は困りません」、「子供達が上(牧畜地)にいるからこそ、親戚同士で助け合いもしていて、バターなどがない時も親戚や近所からいつも頂いています」と A 氏が語るように、家族構成員が多く、人手が多いため、都市部で就労できなくても二地域居住しているから生活上困難がないことと、二地域居住は原住地コミュニティの維持にも有効であることが分かる。また、B 氏の発言から両地域間の道路と原住地のインフラ設備の欠如が、二地域居住する上での阻害要因と考えることができる。

## 表2 基本属性の比較

| 項目 | | 未選択者群 平均値± SD 合計 n（%） | | 選択者群 平均値± SD 合計 n（%） | | p |
|---|---|---|---|---|---|---|
| 性別 | 男性 | 268（70.0） | 383（100） | 76（86.4） | 88（100） | 0.001*** |
| | 女性 | 115（30.0） | | 12（13.6） | | |
| 年齢層 | 若年層 | 122（31.9） | 383（100） | 25（28.4） | 88（100） | 0.000*** |
| | 状年層 | 193（50.4） | | 31（35.2） | | |
| | 高齢層 | 68（17.8） | | 32（36.4） | | |
| 学歴 | 無学歴 | 290（75.7） | 383（100） | 60（68.2） | 88（100） | 0.228 |
| | 小学校〜高校卒 | 73（19.1） | | 24（27.3）） | | |
| | 専門学校卒業以上 | 20（5.2） | | 4（14.5） | | |
| 家族構成 | 単独・夫婦世帯 | 48（12.9） | 372（100） | 11（13.3） | 83（100） | 0.017* |
| | 夫婦と子供からなる世帯 | 174（46.8） | | 32（38.6） | | |
| | ひとり親と子供からなる世帯 | 61（16.4） | | 7（8.4） | | |
| | その他の世帯 | 89（23.9） | | 33（39.8） | | |
| 職業 | 牧畜業 | 73（19.1） | 383（100） | 28（31.8） | 88（100） | 0.001*** |
| | 国家公園管理員[6] | 59（15.4） | | 20（22.7） | | |
| | 無職 | 151（39.4） | | 16（18.2） | | |
| | その他の職種 | 100（26.1） | | 24（27.3） | | |
| 平均年齢 | | 46.55 ± 14.2 383（100） | | 50.78 ± 16.74 88（100） | | 0.004** |
| 平均収入 | | 35524 ± 26920 383（100） | | 35991 ± 20734 88（100） | | 0.34 |
| 子供の平均人数 | | 1.58 ± 1.38 383（100） | | 1.75 ± 1.26 88（100） | | 0.401 |
| 家畜の割合 | | .2063 ± .50733 383（100） | | .3448 ± .38557 88（100） | | 0.358 |
| 移住年数 | | 9.31 ± 4.689 383（100） | | 10.73 ± 7.778 88（100） | | 0.027* |
| 原住地に 戻っている状況 | 戻っている | 279（74.0） | 377（100） | 68（81.0） | 84（100） | 0.115 |
| | 戻っていない | 98（26.0） | | 16（19.0） | | |
| 原住地の利用 度 | 原住地で住んできる | 39（13.8） | 282（100） | 27（40.3） | 67（100） | 0.000*** |
| | 月一回以上 | 107（37.9） | | 15（22.4） | | |
| | 月一回未満 | 136（48.2） | | 25（37.3） | | |
| 移住距離 | 50km 未満 | 91（24.4） | 373（100） | 23（26.7） | 86（100） | 0.038* |
| | 50km-299km | 195（52.3） | | 33（38.4） | | |
| | 300km 以上 | 87（23.3） | | 30（34.9） | | |
| 行政範囲 | 卿内移住 | 40（10.4） | 383（100） | 12（13.6） | 88（100） | 0.000*** |
| | 県内移住 | 198（51.7） | | 40（45.5） | | |
| | 州内移住 | 71（18.5） | | 4（4.5） | | |
| | 省内（他州）移住 | 74（19.3） | | 32（36.4） | | |
| 長期的に暮らすつ もり | ある | 307（81.0） | 379（100） | 54（65.1） | 83（100） | 0.004** |
| | なし | 29（7.7） | | 9（10.8） | | |
| | わからない | 43（11.3） | | 20（24.1） | | |
| 満足度 | 満足 | 196（53.0） | 370（100） | 33（39.8） | 83（100） | 0.066 |
| | どちらでもない | 128（34.6） | | 34（41.0） | | |
| | 不満足 | 46（12.4） | | 16（19.3） | | |

***: p< 0.001 **:p< 0.01 *:p<0.05

### 表3　二地域居住を従属変数とした二項ロジスティック回帰分析

| カテゴリ | 変数 | | 偏回帰係数 | オッズ比 | 95%信頼区間 下限－上限 | 有意確率 |
|---|---|---|---|---|---|---|
| 社会経済的要因 | 年齢層 | (ref: 高齢層) | | | | .024* |
| | | 若年層 | -1.964 | .140 | .027-.727 | .019* |
| | | 壮年層 | -1.910 | .148 | .036-.612 | .008** |
| | 性別 | (ref: 女性) | | | | |
| | | 男性 | 1.954 | 7.055 | 1.165-42.721 | .033** |
| | 家族構成 | (ref: その他の世帯) | | | | .619 |
| | | 単独・夫婦世帯 | -.027 | .974 | .119-7.997 | .980 |
| | | 夫婦と子供から成る世帯 | -.743 | .476 | .144-1.570 | .223 |
| | | ひとり親と夫婦から成る世帯 | -.783 | .457 | .063-3.291 | .437 |
| | 職業 | (ref: その他の職業) | | | | .036* |
| | | 牧畜業 | -.347 | .707 | .164-3.049 | .642 |
| | | 国家公園管理員 | -1.729 | .278 | .048-1.595 | .151 |
| | | 無職 | -2.793 | .079 | .010-.627 | .016* |
| | 学歴 | (ref: 専門学校以上) | | | | .160 |
| | | 無学歴 | 1.464 | 4.324 | .260-71.810 | .307 |
| | | 小学校－高校卒 | 2.275 | 9.726 | .614-154.122 | .107 |
| | 家畜の割合 | | -.147 | .721 | .385-1.935 | .721 |
| | 収入 | | .000 | 1.000 | 1.000-1.000 | .545 |
| | 子供の数 | | .342 | 1.407 | .911-2.175 | .124 |
| 移住行動 | 移住距離 | (ref: 50km 以内) | | | | .457 |
| | | 50km–299km | -1.673 | .188 | .010-3.427 | .259 |
| | | 300km 以上 | -1.204 | .300 | .041-2.207 | .237 |
| | 行政範囲 | ref: 省内・州外移住 | | | | .562 |
| | | 郷内移住 | .260 | 1.296 | .039-43.537 | .885 |
| | | 県内移住 | .169 | 1.184 | .134-10.460 | .880 |
| | | 州内移住 | -1.664 | .189 | .011-3.127 | .245 |
| | 原住地の利用度 | Ref: 原住地に住んでいる | | | | .005** |
| | | 月一回以上 | 2.207 | 9.084 | 2.088-39.517 | .003** |
| | | 月一回以下 | .146 | 1.157 | .324-4.131 | .822 |
| | 移住年数 | ref: 10 年未満 | | | | |
| | | 10 年以上 | 1.670 | 5.267 | 1.628-17.043 | .006** |
| 生活意識 | 長期暮らすつもり | ref: わからない | | | | .235 |
| | | ある | -.641 | .527 | .125-2.219 | .382 |
| | | なし | -1.893 | .151 | .017-1.344 | .090 |
| | 満足度 | ref: 不満足 | | | | .396 |
| | | 満足 | .039 | 1.040 | .287-3.775 | .952 |
| | | どちらでもない | -.722 | .486 | .119-1.983 | .314 |
| モデル χ 2 (df) | | χ 2=96.970（26）*** | | | | |
| Hosmer-Lemeshow (p 値) | | χ 2=11.935（0.559） | | | | |

\*\*\*: p< 0.001　\*\*:p< 0.01　\*:p<0.05

## 表4　二地域居住選択者が語る生活状況についてのインタビュー内容

| 問 | 対象者属性 / 内容 | 問 | 対象者属性 / 内容 | 対象者属性 / 内容 |
|---|---|---|---|---|
| 実際に二地域居住している | A氏(男性)：67歳　8人家族　省内移住<br>妻が障害者で移民村に来ました。今は妻と2人の孫(学生)が移民村で生活して、子ども4人が上で(牧畜地)放牧したり、ここに来たりしています。うちの場合、人手が多く、ここでは補助金が貰えて、上で家畜も営んでいるから生活上は困りません。<br>経済的に余裕があれば、上でバター、肉、燃料などをここに持って来て、ここでの面白い現代機器などを上に持っていくこともできます。<br>子供達が上にいるからこそ、親戚同士で助け合いもしていて、バターなどがない時も親戚や近所からいつも頂いています。もしここだけの生活に頼らないと子供達が学校に行ったことないから安定した仕事が見つからないと思います。<br><br>B氏(男性)：64歳　6人家族　省内移住<br>2012年、子供の教育のため、ここに来ました。今は長男長女が牧畜地にいて、次男は去年からお寺でお坊さんをしています。大学に行ったら夫婦とも上に行きたいです。冬はここが暖かく、夏は夫婦とも上に行って家畜と一緒に暮らしたいです。<br>長男は国家公園管理員だから、月一回の草原巡礼に行っていますが、ここから行くより牧畜地から直接行った方が安全です。冬は雪がつもり、道路が不便です。しかし、上の建設が非常に遅れていて、簡単に行き来できないですね。 | 都市生活の課題 | C氏(男性)：56歳　3人家族　県内移住<br>文字を知らない人はここ(移民村)で生活しづらい、ここでは中国語が必要でアルバイトが見つかりにくい。最近の若者は中国語が多少わかるから私達より少し探しやすい。<br>私のような人は見つかっても一番労力が必要で、一番汚く、給料が安い仕事しかない。殆どはスコップ(農民を意味し、牧畜民はスコップあまり使わない)の仕事だから、これまでスコップを触ったことない私には大変です。<br>バイクがないと県に買い物に行くことすら大変です。タクシーだと往復20元もかかってしまいます。また、原住地も行きたいですが、雨や雪が降ったらバイクで行くことが無理です。<br><br>D氏(男性)：32歳　5人家族　県内移住<br>・(移民村では)トイレはあるが、水が止まって使えない状態です。<br>・アルバイトも見つかりにくいです。この何年間は町の建設業もあまりなかったから仕事のチャンスも少ない。<br>・ここの移民村は最初の実験地として建てられたが、今は老朽化が進んで、建物のあちこちが壊れて、地震が来た時は耐えられないと思います。<br>・(移民村内の)病院の設備が不十分過ぎて、軽い病気で診察に行っても薬がなかったり、停電したり、インターネットがなかったりして必要なとき提供できない状態です | E氏(男性)：36歳　4人家族　県内移住<br>自分にとって、第一の宝は教育、第二の宝は家畜です。今は子供の教育のために家畜を売ってここに来ているわけです。<br>○○小学校では全学年のうち、二年生だけにしかチベット語の授業を行なっていません。それも私らが学校に提言したからあったのです。多くの親が無学歴の牧畜民だからそれを提言することは思いつかないと思います。このままだと、進学試験の時心配です。県ごとの教育の質に大きな格差があるので、中学校以上は学校同士で連携をとって、学生・教員の交換制度を行ってほしい。寄宿制学校があれば、自分達も原住地に戻れます。<br><br>F氏(男性)：52歳　6人家族　省内移住<br>上(牧畜地)で生活すれば、7日間で生活が成り立ちますね。家畜さえあれば、7つの無料で(水、電気(太陽能発電)、燃料(家畜の糞)、バター、チーズ、ヨーグルト、牛乳)で生活が簡単にできますし、家畜がいると肥料で自然に環境保護にもなります。<br>原住地は家畜がないからこそ砂漠化が進んでいます。 |
| 総括 | ①人手が多く、二地域居住しているから生活上課題が少ない。②二地域居住は原住地コミュニティの維持にも有効である。③二地域居住の関連要因には人手の他、両地域間の道路や原住地のインフラがある。 | | 移住後の生業転換には中国語の必要性が高い。②移民村は都市の周縁部にあり、交通手段が少なく、都市からの孤立化が進む。③就労の問題と移民村の基本設備の欠如。 | ①供の教育の質とチベット語授業の必要性。②教育格差の解消と寄宿制学校の必要性。③家畜が生活向上に繋がり、環境保護にも有効である |

　一方、都市生活の課題として、牧畜業から他の産業に生業転換するには中国語の必要性が高く大きな課題となっていることや(C氏、D氏)、移民村は都市の周縁部にあり、交通手段が少なく、都市からの孤立化が進んでいること(D氏)、移民村の医療衛生サービスが欠如していること(D氏)、また、子供により良い教育を受けるために移住したのに、教育の質に地域格差が大きいこと、チベット語の授業が減少している中で自民族の言語文化に危機感を持っていること、そして寄宿制学校が少なく親の居住選択を制限していることが明確化できる(E氏)。

　最後に、家畜は生活向上だけではなく、環境保護にも貢献しうることが把握できる(F氏)。

## IV　結論と課題

　本研究では、生態移民の牧畜民としてのアイデンティティを尊重することを基底において、居住選択を社会経済的要因、移住行動、そして主観的意識に焦点を当てて分析し、以下で居住選択の関連要因をまとめ、今後の課題を明らかにする。なお、生態移民の居住選択に関する先行研究が少ないため、インタビュー内容(表4)を加えながら説明する。

### (1)居住選択と社会経済的要因との関連

　群間における比較では、未選択群に社会経済的要因として無職の割合と、年齢層が壮年層以下である者の割合が統計上有意に高かった。反対に、選択者群では、男性と高齢層が多い傾向を示した。単変量の比較で有意な差が見られた家族構成は、多変量解析においては統計上有意な関連を示さなかったものの、インタビューのA氏のような8人家族の家庭にとっては、人手が多く二地域居住する上で有利だと考えられる。

　性別で有意な関連が見られた背景には曾ての女性の過重労働考えられる。牧畜地では、男女の性役割分担がはっきりしており、ポリ「pho las」(男性の仕事)とモリ「mo las」(女性の仕事)には季節や一日の時間帯によって大きく異なる。ナンムタルジャ (2018)、ガザンジェ (2016)が指摘するように、男性は家畜管理など居住するテントから離れた作業が多く、繁忙期は春の3月や羊の出産時期である秋の10月から12月までである。一方、女性は朝晩に牛

乳をしぼり、昼間に乳加工や家事、育児、介護などを行う過重労働の環境に縛られていた。しかし、移住に伴い家畜が大幅に減少した為、女性の仕事も家事、育児、介護までに減少した。そのため、女性は男性よりも二地域居住を選択する傾向が少ない。従って、女性の過重労働環境を「機械化」等技術革新によって改善することで、二地域居住を選択しても暮らしやすくなるのではないかと考えられる。

　また、チベット牧畜民において家畜が牧畜生活の根本をなすものとして極めて重要である。しかし、上述のように、生態移民政策には「10年禁牧期」という制限があり、多くの牧畜民が移住する際家畜を売り出し、10年期間を過ぎた今では家畜の所有数が普遍的に少なくなっているため統計上有意差が認められなかった。

### (2)居住選択と移住行動との関連

　生態移民の居住選択に対する移住行動の要因には、居住年数と原住地の利用状況が挙げられる。移民村での居住年数が長くなるにつれて、牧畜生活への思いが強くなる点[7]は先行研究と一致している。実際、10年以上の居住年数がある生態移民には居住地を選択する権利があるため、10年禁牧期が満たされたら二地域居住を望んでいる生態移民が多いと解釈できる。

　原住地に住んでいる、もしくは月一回以上原住地に戻っている者からは二地域居住選択を選択する傾向が強いことが明らかにされた。

　一方、単変量では有意差が見られた"距離"と"移住の行政範囲"は多変量解析では消失した。これは、河内ら(2018)が指摘するように、距離より、交通手段と交通費、そしてインタビューのB氏とC氏が述べた両地域間の道路の安全性などが二地域居住を選択する上での阻害原因だと解釈できる。

　主観的意識による影響については、単変量では長期的に暮らす意向の有無に関連性が見られたものの、多変量解析では消失した。これは、2群とも長期的に暮らす意向のある変数が圧倒的に多かったから有意差が認められなかったと思われる。よって、主観的意識は二地域居住の選択に影響していないと解釈できる。

### (3)居住選択の実現に向けての支援策および課題

　上記のことから、生態移民の居住選択には複数の要因が影響しているおり、二地域居住を生態移民政策の一環として提案するには、以下のような支援策が必要だと考えられる。

　① まず、都市部の移民村での就労、住宅、教育、福祉サービス、医療衛生などを一体的に捉えた生活保障システムの充実が必要不可欠である。

　住宅については移住当時国から住宅保証金があり、自己負担が1割程度[8]である。建設当時の質の問題と年数が経ったことで、今は老朽化が進んでいる。また、停電、停水などインフラ設備の欠如が問題であり、今後充実していく必要がある。都市部での住環境の設備は生態移民が二地域居住を実現する上での最低限の基準であると考えられる。

　就労については、言語の壁と安定した収入の問題は青壮年層が移民村で抱えている大きな課題であり、牧畜民が都市部で排除されず仕事ができる雇用環境の創出は極めて重要になってくる。一方、都市部だけに頼らず、生態移民の牧畜民としての知恵をいかすことで、原住地で内発的かつ自主的に地場産業をイノベーションし、ローカル企業の創設等を行うことは地域循環型経済を成長させる大きなチャレンジとなる。これは、牧畜民の生活向上だけではなく、別所(2018)が指摘するように、牧畜業の衰退、すなわち、移住後の生活における家畜資源への依存度低下という一見不可逆的な変化を、既存の牧畜文化に技術革新を起こすことで巻き返していこうとする動きである。牧畜業に必要な現代機器の導入により、女性の活躍度を上げ、性別、年齢層に制限なく誰でも自由に活動できる環境づくりが必要である。

　そして、教育については、子供が都市部でより良い教育を受けるには、教育の質の向上と親が牧畜地にいても安心安全に教育を受けられる宿舎制学校などの設備が重要である。

　② 次に、都市部と原住地間で自由に移動するには道路修正と路線バスの通行が必要である。

　インタビューC氏が語るように、現時点で多くの地域では両地域間で自家用車とバイクしか通っていないため、人々は自家用車もしくは高額なタクシー代を払って原住地まで移動せざるを得ない。都市の周縁部にある移民村は交通手段の制限により、都市から孤立させられている。

③ 最後に、インタビューD氏が主張するように、家畜は生態移民の生活向上に繋がり、環境保護にも有効である。しかしながら、生態移民政策の実施により、家畜が大幅に減少した。都市部で10年の禁牧期を満たした移民が、今は二地域居住したくても家畜がないため実現できない現状にある。ゆえに、国・地方政府がこれまでの現金給付とは別に適量の家畜給付を行い、牧畜民の生活向上と環境保護を同時に達成させる。これは、生態移民政策の趣旨にも叶うことになる。上記の課題を克服するには二地域居住を個人レベルではなく、生態移民政策の一環として位置付けて実施すべきだと考えられる。

ここで明記しておきたいのは、望む居住選択とはいえ、様々な生活課題を抱えている牧畜民たちにそれを聞いたとき、「居場所はここ（移民村）しかないからここ以外にどこへ行けるの」とか、「原住地に家畜も何もないからここ（移民村）に残るしかない」等のように、現状から理想が浮かばない場合がよくあり、二地域居住選択者数が未選択者数より少なかったことが本研究の限界及び課題である。

2017年から、習近平国家主席によって発動された貧困脱却・環境対策・金融リスク防止の「三大堅塁攻略戦[9]」が近年の人民代表大会で克服すべき三つの方針として、極めて重要視されている。これを生態移民に置き換えると、生態移民の居住選択を多様化することで、牧畜民が内発的に先祖から継承した文化知恵を活用し、適切な放牧によって環境保護と貧困からの脱出、そして牧畜の生産物を商品化することで内需を拡大し、経済発展にも繋がるという3大方針を目指すことができるものと考える。

## 注

1　西部大開発は、1999年江沢民により初めて発表され、同年の中国共産党第15期4中全会決議で国家戦略として西部大開発を行うことを決定された。2000年の中国共産党第15期5中全会では、「第10次5カ年計画に関する提案」がまとめられ、2001年3月の全国人民代表大会では「10次5カ年計画要綱」が採択され、西部開発政策が具体化された。主な内容は(1)インフラ建設を進める(2)生態環境の保護と建設を着実に強化する(3)産業構造を積極的に調整し、特色ある経済優勢産業を育成する(4)科学技術と教育を発展させ、人材養成を早める(5)改革・開放度を拡大する5項目である。

2　青海省チベット地区において「三江源自然保護区の生態保護と建設の総体計画

(1)」の第 1 期で 2004 年から 2011 年にかけての 7 年間で 10,140 世帯の 55,773 人が移住を完了し、プロジェクト第一期の目標が達成された（詳しくは洲塔ほか 2009；韋 2016 を参照）。2013 年 10 月 21 日に策定された「三江源自然保護区の生態保護と建設の総体計画(2)」では、第一期の移民政策に対して専門家による事後評価を得、同プロジェクト第二期の発動が決議された。

3　「永久移住」は、黄河、長江、メコン川の 3 大水源の原点にある重点保護区域を無人化の自然保護区域にして、そこで生活してきた牧畜民全てが永遠的移住する必要ある。政府がきまった数名の牧畜民が仕事として自然保護区を巡回する。

4　「10 年禁牧移住」とは、「永久移住」とは違って、原点地以外の牧畜民を 10 年間原住地と離れて移民村で生活し、放牧を禁止することで草原を守り、10 年後は原住地に戻っても良いし、続いて移民村で生活しても良いことになっている。

5　「過少利用によるコモンズの悲劇」：「コモンズの悲劇」は Hardin が提起した概念で、利用者による過剰利用によって、コモンズ（共有地）が崩壊するという。一方、Hardin への反証として、Ostrom の主張は利用者が、地域のルールに基づいて過剰利用を避け、コモンズを持続的に維持管理してきたことである。しかし近年では、利用者が脱退していくことで利用不足に陥って、過少利用によるコモンズの悲劇が問題視されてきた。

6　「国家公園管理員」とは、「長江、黄河、メコン川の源流地である三江源自然保護区を国家公園として 2016 年に試され、2020 年に正式に成立された。そこで定期的に巡回して野生動植物を観察記録したり、週一回若くは月一回程度ゴミを回収したりして活動する牧畜民のことを指す。1.72 万家庭に年間 21600 元の給料を支払っている」。

7　長命洋裕・呉金虎(2012)の参考文献

8　県ごとに生態移民に対する住宅補助の基準が異なるが、住民の自己負担は 1 割程度である。例えば、5 万元の住宅建設費が必要な移民村では移民自身の住宅費用が 5 千元程度で、居住環境のいい移民村では、移民自身の負担が 1 万元と政府の保障が 9 万程度である。

9　「三大堅塁攻略戦」とは、3 つの難しい政策課題への挑戦を意味し、(1)重大リスクの防止、(2)貧困脱却、(3)環境汚染防止が近年中国克服すべき 3 つの方針となっている。

## 参考文献

河内健, 森永良丙, 中嶋美一(2017)「南房総地における二地域居住を促す滞在拠点に関する研究」日本建築学会技術報告集　Vol.23.No.53 pp235-240

河内健, 森永良丙, 中嶋美一(2018)「関東及びその近県における二地域居住者向け滞

在拠点の特性」日本建築学会技術報告集　Vol.24.No.57 pp801-806

ガザンジェ (2016)『中国青海省チベット族村社会の変遷』連合出版　pp47-49

韓霖(2010)「中国における遊牧民の定住化に関する 考察—青海省におけるチベット族遊牧民の事例を中心として」地域政策科学研究 No.7 pp105-125.

小長谷有紀 (2005)「黒河流域における『生態移民』の始まり—内モンゴル自治区アラシャ盟エゼネ旗における事例から」小長谷有紀・シンジルド・中尾正義編『中国の環境政策　生態移民　—緑の大地、内モンゴルの砂漠化を防げるか？』昭和堂 pp35-55.

齋藤哲郎(2018)「二地域居住から移住・定住に向けての市町村における施策の現状」日本不動産学会誌 Vol.32.No.2 pp44-57

シンジルド(2005)「中国西部辺境と「生態移民」」小長谷有紀・シンジルド・中尾正義編『中国の環境政策　生態移民　—緑の大地、内モンゴルの砂漠化を防げるか？』昭和堂 pp1-28

住吉廣大(2019)「多様化する二地域居住と受容地域：千葉南房総地を事例に」日本地理学会　No.198

長命洋祐・呉金虎(2012)「中国内モンゴル自治区における生態移民農家の実態と課題」『農業経営研究』Vol.50,No.1, pp106-111

ナムタツジャ (2018)『変わりゆく青海チベット牧畜社会—草原のフィールドワークから—』はる書房 pp38-39

西川潤(1989)「内発的発展論の起源と今日的意義」鶴見和子・川田侃編『内発的発展論』 pp3-41

野口定久(2018)『ゼミナール地域福祉学　図解でわかる理論と実践』中央法規 pp30-31、pp134-135

別所裕介(2014)「「生態移民になる」という選択　三江源生態移民における移住者の生計戦略とポスト定住化

社会をめぐって」『アジア社会文化研究(15)』pp65-93

別所祐介(2018)「牧畜×ベンチャー×イノベーション—現代　チベットにおける牧畜の衰退と新たな挑戦」『セルニャ』Vol.5　pp130-138

Hardin, G. 1968. "The tragedy of the commons." Science 162:1243-1248.

Ostrom, E. 1990. *Governing the Commons: The Evolution of Institutions for Collective Action*. Cambridge: Cambridge University Press.

　　本論文は、学術委員会から委嘱された 2 名の査読委員による査読を経た論文である。論文受理 2020 年 2 月 27 日、論文掲載決定 2020 年 7 月 5 日。

# 地球温暖化時代の居住福祉・災害復興・水資源確保を考える
## ——アメリカ新聞記事から[1]

## I　はじめに——「地球温暖化」問題の深刻さ(環境問題と居住福祉問題との密接性)

　日中韓居住問題会議南京大会にあたり、これまでの数回余りの南京訪問を思い起こすと、2000年代半ばの最初の訪問は、南京大虐殺(南京大屠殺)の跡地を隈無く回るというもので(その際に、ここ東南大学の講堂も当時の避難所として見学した)、その後は、南京大屠殺記念館の元館長朱成山氏とも親交ができ、同大虐殺に関する拙文の中国語が同記念館紀要に掲載された[2]。このような取り返しの付かない歴史的不正義の私なりの「償い」の仕方として、隣国の留学生をできるだけ受入れようとその時決意して、今では北大のような国立大学では《日本の東アジア化》とも言える、留学生による席捲現象が見られ、個人的にも、近時は「吉田チャイナスクール」と言われる有様で、私の大学院生・研究生は常時10名以上すべてが中国からの留学生である。とりわけ南京とのパイプは太く、南京大学・南京師範大学の俊才たちを数名指導しており、共同報告者の桑さんも南京師範大学の卒業生である。しかも北大退職後には同大学での教鞭を予定しており、ここ南京が、「第2/第3の故郷」になると思うと、感慨一入である。

　今回の報告内容の手法は、問題考察におけるアマチュアリズムというものである。このことは故早川和男博士も、パレスチナ系アメリカ人のE・サイード(文学批評家。オリエンタリズム、ポスト・コロニアリズム研究者)のもの[3]を引用されて強調されたところだが[4]、ここに集まる住宅問題、居住福祉のエキスパートは自身の専門のために逆説的に歪められて、問題の所在把握に曇りがでているかも知れない。今回の日中韓住宅問題会議の統一テーマ

として「持続的発展(sustainable development)」を与えられ、そういう目でアマ
チュアを対象とした新聞記事(とくに筆者がアメリカ合衆国での長期在外研究
をしていたこともあり、ここ数年のニューヨークタイムズの記事)から、帰納的
に問題の所在を開拓するという研究手法をとると、地球温暖化、気候変動に
関する記事が圧倒的に多い。そこに示される環境問題の視点から「居住問題」
を捉え直すという問題意識から若干のことを行うのが本稿の趣旨である。

　そうしてみると改めて、「居住福祉と環境変化・破壊との密接性」が思い知
らされる。早川博士が3年前に、日中韓居住問題会議(韓城・西安大会)(2016
年11月)に、私に何故か「環境法学の課題」を報告するようにと依頼されたが[5]、
夙に「居住福祉」と「環境問題」との密接不可分性(その意味で、「居住福祉」だけ
で地球温暖化問題を考えることの限界)を見抜いておられたのかも知れないと
思い知る。今回のものはその続編でもある。

＊　＊　＊

## (1)災害の多さ、深刻さ

　そこで新聞を見ると、2019年は、ヨーロッパでは、フランス・ドイツをは
じめとする記録的猛暑が報ぜられ、他方で、アメリカ中西部ないし南部の洪水
(2019年5月アイオワ、同年9月のテキサス東南部)、南アジアの洪水の悪化など、
それと「地球温暖化」との関わりが論じられている(わが国も例外ではない)。

## (2)地球温暖化対策としての再生可能エネルギーの議論の早さ

　「地球温暖化」の要因は複層的で、打開は困難な問題だが(原発の是非、再
生可能エネルギーの開発など多くの議論があり、パリ協定を離脱したトランプ
大統領の逆行姿勢とは裏腹に、アメリカでは草の根的に「脱炭素化」のビジョン
への動きが目覚ましい(とくに、2019年6月に、ニューヨーク州の脱炭素化法律。
A・ゴア氏は、ドルンブッシュ(1942-2002)の法則を援用し、再エネ(太陽光・
風力エネルギー)への転換ぶりの急事情を説く[6])。この点で、日本との大きな
開きを感ずる(日本では2030年に風力は僅か1.7%(これに対して、欧州は平
均14%)、他方で、石炭火力26%、原子力を20～22%とする[7])が、東アジアで
はどうなのか。中国に関しては、国内と国外の動きのギャップが指摘される[8]。
また、「地球温暖化」解消に不可欠な森林が、世界規模的に失われている)、こ

こでは、3 つの局面だけ考えて、《地球温暖化時代の居住福祉法学の方途》を探りたい。

## II　地球温暖化時代の「居住福祉課題」の具体例

### 〔第 1：地球温暖化に向けたまちづくり〕

　第 1 は、地球温暖化に優しい「まちづくり」であり、酷暑のヨーロッパにもかかわらず、ヨーロッパの冷房率の低さ（1 割未満）には驚かされ（これに対して、米日の普及率は 9 割以上で、それに関わる冷房の絶対比が、ヨーロッパは米中に比べ相当少ない事実にも驚かされる）、むしろ同地では、建物の建築による日陰の作り方や壁の厚さなど「伝統的な涼の取り方」が議論されることが居住福祉学上注目すべきだろう[9]（なおこの点で、東アジアの実例はどうかというと、例えば、伝統中国においては、陝西省北部、甘粛省東部、山西省中南部、河南省西部の農村に普遍的に見られる住宅形式としての窰洞（ヤオトン）は、室断熱性と保温性に優れ、冬は暖かく夏は涼しいが、通風が悪いため湿気が多い欠点もあるとのことである[10]）。またフランスのグランド・サンテにおけるそうしたやり方でのまちづくりの地域的活性化は極めて興味深い[11]。

### 〔第 2：地球温暖化時代の災害復興〕

　第 2 は、地球温暖化によるグローバルな付けとして、アメリカ中西部の 2019 年の洪水は最大級とのことだし[12]、南アジアや中国南部では、洪水の被害が深刻化していることであり（例えば、7 月のネパール南部やバングラディッシュの洪水）[13]、カリブ海のハリケーン被害も国内では対応できる状態ではない（例えば、9 月のハリケーン・ドリアンによるバハマ諸島の壊滅状態）[14]。最近の台風ハギビスで、かつてない規模での水害に見舞われているわが国も例外ではなく、改めて洪水対策のあり方が問われている[15]。

　「災害復興」の国際化、その災害支援の国際的ネットワークづくりが真剣に議論されなければならない。バングラディッシュ南部には、世界最大の難民地区があり、そこにはロヒンギャの 50 万人の難民も抱えている[16]。これらへの対処は国力としても、国民国家の域を超えて、その要因の世界規模的性格から、グローバル正義の帰結としても広域的支援が不可欠であろう。災害に関わる新たな健康被害の指摘なども今後の課題である。

　なお、「強制立退き」「居住喪失」は、居住福祉法学の最も深刻なテーマであるが、災害に関わり、そういう現象が出てきていることにも留意が必要である。とくに、アマゾン流域における森林破壊（2019年8月におけるアマゾン流域の2万6000の森林火災、同年9月には、インドネシアで2900の同火災）と共に、先住民族コミュニティが破壊されていることが深刻であり（他方で、アグリビジネス（グローバル・キャピタリズム）との関係で、環境破壊する農業牧畜関係者が存在し、それを擁護する勢力も少なくないことも大きな問題であり[17]、ここにも米中の貿易摩擦が関係していることをわれわれは認識する必要がある）、他方で、環境破壊との関係で、東南アジアなどでは中国投資と連携する形で、メコン川流域でのダム建設が止まらず[18]、それによる強制立退き、漁業資源の喪失という深刻な問題である。

### 〔第3：水資源確保、食糧危機への対処〕

　第3は、「水資源の維持・確保（ないし食糧危機への対処）」をどう図るかである。とくに近時の地球温暖化（気候変動）による水不足危機は世界的問題になっている。そしてこれが、世界的な食糧危機となっており、居住福祉の基礎を脅かす（2019年8月に出された国連報告書では、世界の5億が砂漠化されたところに住んでいるという[19]）。一時的豪雨は、水資源の確保には繋がらない。近時水不足として問題化したところとして、ブラジルのサンパウロ、インドのチェンナイ、南アフリカのケープタウンなどである。またメキシコシティでは、地下水を汲み上げすぎであり、バングラデシュのダッカでも、その住民及び繊維産業は、地下水を多用し、その帯水層を地中奥深くしている。現在300万人以上の都市の33都市で人口2億5500万人が水不足の異常事態になっているが、それが2030年になると、45都市の4億7000万人が水危機にさらされるとされる。解決の仕方として、ケープタウンでは、2018年には、水の割り当てを導入した（同都市は、400万人の都市住民と農家とが水取得を競い合う）。

　日中韓の中では、とくに日本は水資源に恵まれて、この問題を意識しないが、世界では例外的で、どこの国でも「水法」を発展させている。東アジアでは、北海道ニセコの水資源が中国人投資家に取得されて、社会問題化したことは記憶に新しい（ニセコ町条例により、規制されている）。中国はジンバブエ

の水資源危機に国際支援しているようだが(中国政府は、水システムの刷新のために、7100万ドルを貸与しているが、壊れた市の井戸も壊れたままで、市の周辺に非正規居住が拡がる)、この面でも広域的対処が求められる。

## Ⅲ　まとめの考察

　結論めいたものはないが、もう一度総論的な問題意識に戻って考えてみよう。「地球温暖化」「気候変動」のもたらす、居住問題は深刻で、気温上昇くらいにとどまればまだ良いが、多くは大災害や強制立退きなど、居住喪失、そして住宅復興への重大な財政負担をもたらすものであるし、生命の危機にさらされることも少なくなく、損害も広域化していて、貧困の第三世界に皺寄せが行くことも多い。しかも地球温暖化時代の「災害規模」は従来の常識を破る大規模なものとなっており、国民国家レベルでの対応ではまかないきれないことが多い。例えば、2004年のインドネシア・バンダアチェの津波(しかし国際支援により、日本以上に復興住宅(高台住宅)の建設もなされている)、2010年のハイチの大地震(同国はそれに加えて政情不安で混乱のただ中にある[20])では各々20万人以上が犠牲となり、また、2015年のネパールの大地震[21]、さらには2012年のタイの水害や2013年のフィリピン台風ハイエン、また近時(2019年)のバハマを襲ったハリケーン・ドリアンなども皆そうである国家レベルの災害復興は全く追いつかない規模である。そのためには、災害復興に向けた「国際的な災害復興システムの構築」を公的にも、民間レベルでも進めることが不可欠であり、急務である。また、居住福祉政策と環境政策とは、不即不離に(密接不可分に)繋がっていることも知られるが、後者に関して、21世紀社会の状況は困難を極めるものである。そうした中で、(気候変動条約を反故にして、逆行するエネルギー政策を進める)トランプ政権も、(未だに原発や化石エネルギーにこだわる)安倍政権も、全く時代錯誤的であることは前述した。

　東アジアに目を転ずると、中国は、社会主義体制で、環境規制には威力を発揮すると、制度的に注目しているが(この点は、本会議韓城大会での報告でも指摘した。注4文献参照)、「一帯一路」というならば、再エネに注目する国内政策を、地球規模的に拡大するような姿勢が求められる。また、環境破壊を巡るグローバルなネットワーク、経済取引についての認識も必要であろ

う。例えば、米中の貿易摩擦ゆえに、中国の大豆・牛肉の需要は、ラテンアメリカに向けられるようになり、それがアマゾン流域の熱帯雨林の破壊に繋がっている構図にも、我々はもっと敏感であるべきであろうし[22]、カンボジア・ベトナムの漁業資源の減少に繋がるメコン川上流のダム建設、そこにおける中国資本の進出についての考察も深めるべきだろう。環境保護の制度的あり方を考える際には、故E・オストローム博士の《日本の森林は何故破壊されなかったのか？》という問い[23]は、興味深いであろう（同博士によると、（われわれの専門の民法学上の）日本独特の入会制度が寄与するところ大であったとのことである。しかし日本も他方で、対外的に東南アジアの森林を破壊してきたということへの国際的責任の大きさを忘れてはならないであろう）。

　さらには、こうした（森林や河川における）天然資源の保護には、歴史的に21世紀に至るまで絶えず周縁化されてきた「先住民族」「狩猟・漁撈民族」（indigenous peoples; hunters and gatherers）の保護と密接であるのに、東アジア・東南アジアの先住民族の居住・環境問題は、世界的にも最も蔑ろ（ないがしろ）にされて深刻である（例えば、フィリピンにおけるネグリト族、タイにおけるモゲン族、カレン族など）ということにも、もっと関心を寄せるべきである（東アジア、東南アジアは、国際人権法上の先住民族保護の地域的保護システムも欠落していることも忘れてはならない[24]）。

＊　＊　＊

　日中韓の住宅会議では、とかく自分たちは緑化に配慮した住宅を作っているという事例紹介が出てきそうであるが、それはそれとして尊いが、近時の新聞紙で記される、気候変動による「住宅喪失」「強制立退き」であえぐ貧困層ないし先住民族の記事を前にして、われわれはヨリ国際居住福祉ないし国際災害支援感覚を研ぎ澄まし、早川博士が作られた日中韓居住問題会議をわれわれの貴重な糧として、ここでの連携をさらに緊密にして空間的幅を更に拡充し、今後とも「面として」、東アジア、東南アジア、南アジアの更なる居住福祉改善改革に取り込まなければならないと、思いを新たにする次第である。

# 注

1　本稿の梗概は、東亜細亜居住学会・安居楽業（同学会論文集）14 輯（2019）194 頁以下に掲載されたが、それは論文ではなく、公表予定のものではなかったので、改めて第 17 回日中韓居住問題国際会議（中国南京市の東南大学で開催（2019 年 10 月 25 日））での報告に基づき、その原稿を公表する次第である。居住福祉研究編集委員会、とくに大本圭野教授のご配慮にお礼申し上げる。

2　吉田邦彦「南京大虐殺跡地での偶感――歴史認識のギャップ、被害事実の現在性、名誉棄損問題とその解決のあり方」『季刊中国』97 号（2009）〔同・東アジア民法学と災害・居住・民族補償（中編）（『民法理論研究』6 巻）（信山社、2017）所収〕。

3　E・サイード『知識人とは何か』（平凡社ライブラリー）（1998）第 4 章（「知識人とアマチュア」）参照。

4　早川和男『権力に迎合する学者たち ―― 反骨的学問のススメ』（三五館、2007）128-129 頁。

5　その成果は、吉田邦彦「生態文明と環境保護法・居住福祉法――日中韓比較」（加藤雅信古稀）21 世紀民事法学の挑戦（信山社、2017）〔同・東アジア民法学と災害・居住・民族補償（後編）（『民法理論研究』7 巻）（信山社、2019）に所収〕参照。

6　Al Gore, *It's Not Too Late: The Climate Crisis Is the Battle of Our Time, and We Can Win,* THE NEW YORK TIMES, September 22nd, 2019, Sunday Review, p.1, 4.

7　『朝日新聞』2019 年 6 月 23 日 8 面（「社説余滴」（村上知博）。

8　See, e.g., Keith Bradsher, *China Stepping Up On Climate: With U.S. in Retreat in Drive for Clean Energy, Beijing Plans to Take Lead,* THE NEW YORK TIMES, International Edition, June 8th, 2017, p.1, 7（中国の代替エネルギー開発に向けての動きは急ピッチで、太陽光発電は電力需要の未だ 2% であるが、世界最大の太陽光エネルギー開発に打ち込み、クリーンエネルギー事業開発に毎年何百億ドルもの投資をしている）。しかし以下の記事と比較されたい。Hiroko Tabuchi, *Projects Run Counter to Beijing's Coal Talk: Chinese Companies Build Plants Around the World, Despite Emissions Goals,* THE NEW YORK TIMES, International Edition, July 3rd, 2017, p.1, 8（中国は、地球温暖化対策において、指導者的な役割を演ずるということだったが、それに反して、石炭の火力発電を推進していくという中国電力会社の実像が明らかとなった。中国電力会社は、700 以上もの石炭の火力発電所を国内、海外に作ることになっており、全体として、1600 もの石炭火力発電所を 62 カ国で建設予定である）。

9　See, Iliana Magra, *Elian Peltier and Constant Meheut, Record Heat Melts Europe, and Relief Is Scarce: Residence Are Starting to Adopt, Grudgingly Air-Conditioning,* THE NEW YORK TIMES, July 26th, 2019, A1, A8（冷房の絶対数比は、ヨーロッパは 6% なのであり、それに対して、アメリカは 23%、中国は 35% である。日本やアメリカの家庭では 9 割以上が冷

房を利用するのに対して、ヨーロッパでは、1割未満である。ドイツなどでは、2%未満である。多くのヨーロッパ諸国では建物が、涼しく建てられているという。道幅を狭くし、高い建物で影を作り、壁を厚くし、窓を開放的に取る。屋内にシャッターを設置したり、木々や軟らかい土などがあったりすることも良いとされる).

10　https://ja.wikipedia.org/wiki/%E7%AA%AF%E6%B4%9E

11　Constant Meheut, *French Coastal Town Aims to Impress With Green Policies: A Mayor Tries to Turn His Residents into Environmentalists*, THE NEW YORK TIMES, July 26th, 2019, A4（人口2万3600人の町グランド・サンテは、カレーから25マイルのところで、環境の町に変貌している。D・キャレメ氏は、2001年に緑の党の町長になり、ポスト産業化の環境政策として、古いわびしい建物をカラフルなマンションに変質させ、コミュニティガーデンで埋め尽くし、町は天然ガスのバスを走らせる（料金無料）。

同町長は、ヨーロッパ議会の議員にも2019年5月に選出され、欧州議会の舞台で「社会環境主義」を展開する。同町は、ポスト産業化の町で、失業率も28%で（フランス平均は、8.7%）、世帯の3割以上が貧困ライン以下だが、欧州議会での選挙では、ルペンの右翼党の得票は減り、緑の党が5年前と比べて、6%から22%に増えた。この環境政策で、グランド・サンテは、56万ユーロ節約できた。マクロン大統領が、ガソリン税の値上げで、非難を浴びたのとは対照的だ。「環境主義は、社会正義だ」と彼は言う).

12　Sarah Almukhtar, Blacki Migliozzi, John Schwartz, and Josh Williams, *The Composite Picture Of a Slow-Motion Disaster: Floods Brought Misery to More Than 400 U.S. Counties*, THE NEW YORK TIMES, September 14th, 2019, A14-A15（今年のアメリカ中西部及び南部の洪水は、1400万人近くの人に影響している。公共の関心は、時間をかけて広汎に展開していく洪水災害には、高まらないが、2019年の水害・洪水の驚くべき規模は、サウス・ダコタ、ネブラスカ、アイオワに拡がり、ひどかった1993年の大洪水を上回る).

13　しばらく前のものだが、中国広州の水害に関するものとして、Michael Kimmelman & Josh Haner, *China's Rising Water Peril: Climate Change Collides with Rapid Development in the Pearl River Delta*, THE NEW YORK TIMES, International Edition, April 11th, 2017, p.1, 6（広東省珠洲三角洲に位置する東莞は、2014年5月に水害に襲われ、100以上の工場、店舗が水没し、水は膝のところまで上昇して、多くの事業の倉庫を駄目にした。広州からそう遠くないこの1300万人ものマンモス都市では、何万もの人が家屋を失い、53平方マイルの農地が損害を受けた。その損害は、1億ドルである。この南シナ海に面する珠洲三角洲あたりは、1980年代までは、100万人ほどの人口であったが、急激に発展して今や4200万人になった。そうした急激な繁栄が、社会的・文化的地形学を変貌させた。水面上昇する南シナ海は、そうした発展地

区の 1 メーター下ぐらいまで迫っており、水害は、巨額の発展、グローバルなサ
プライチェーン、様々なもの(スマートフォン、Tシャツ、生物薬剤、ボール
ペンのばねなどにも)に影響し、価格高騰する)参照。

**14** 例えば、Kirk Semple, Frances Robles, Rachel Knowles and Elizabeth Malkin,
*Desperate Bahamians Ask: 'Where Are Our First Responders?'*, THE NEW YORK TIMES, September
8$^{th}$, 2019, National Sunday, p.22（ドリアンに襲われて、被災者が見た救援者はアメ
リカ人だった。自国の政府の資源もなくなっている。バハマの人口は、33 万人で、
アメリカ合衆国のそれの 0.1% である。だから容易に災害破滅にやられてしまう)
は、そうした事態をよく示す。

**15** とくに、Ben Dooley, Makiko Inoue and Eimi Yamamitsu, *Rethinking Nature's Threats:
Japan Has Spent Billions on Storm Defenses. Is It Better Just to Evacuate?*, THE NEW YORK TIMES,
International Edition, October 18$^{th}$, 2019, p.1, 4（台風ハギビスは、少なくとも 55 箇
所で河川は決壊し〔実際には、71 河川、128 箇所で決壊〕、70 人以上が死亡し、1
万軒の家屋が洪水被害にあっている。日本はこれまでインフラ整備に多大な投資
をしてきているが、改めて洪水コントロール・システムの前提を再検討すること
を余儀なくしている。従来多くの公共整備がなされており、これは国の債務も巨
大化させているのに、今回の災害は、そうしたプロジェクトの効果があまりない
か、むしろ環境への負荷という面でよくなかったことを示している。日本政府は、
そうした公共工事的インフラ整備を景気浮揚策として行ってきた)参照。

**16** Bhadra Sharma & Mike Ives, *Water Rise Across South Asia, Causing Dozens of Deaths in
Region: Floods and Mudslides Force Tens of Thousands to Flee Their Homes*, THE NEW YORK TIMES,
July 16$^{th}$, 2019, A7（世界最大の難民キャンプである南西部バングラディッシュで
は、50 万人のロヒンギャの人が暮らすが、そこも洪水被害を受けている。4 万
5000 人以上の難民が、4 月末から水害絡みで影響を受け、ネパールでも水害は地
球温暖化、インド国境の道路・インフラ権説、チュア山脈での自然資源の鉱業の
影響で、被害は悪化している。中国でも、水資源省は 377 の河川で洪水があると
した).

**17** とくに、Manuela Andreoni & Earnesto Londono, *Despite World's Outrage, Farmers in
Amazon Remain Defiant: Indignation at What Many Perceive as a Colonialist Attitude by Outsiders*, THE
NEW YORK TIMES, August 27$^{th}$, 2019, A4（農業生産者たちは、経済発展重視のボルソ
ナロ大統領を支持し、森林火災・伐採により、農業や牧畜を維持し、豆や牛を供
給する。その地域は、1970 年代連邦政府指導で、南部からの移住により開拓が
開始された。その後、1980 年代、90 年代には、ようやくアマゾン流域は、農夫
や鉱業者、伐木者により、開拓が進み、農業をできるようになった(同時に 80 年
代からブラジルは先住民族領域、自然領域保護に乗り出した)。2000 年代になり、

伐採への反省からブラジル政府(ルセフ大統領)は、熱帯雨林の環境保護に動き出した。しかし今では、経済不況からアマゾンの経済開発の要請は強い)というブラジルの国内事情に触れる記事に留意する必要があろう。さらに、Clifford Krauss, David Yaffe-Bellany and Mariana Simoes, *Burned by Broken Promises: A 2009 Deal Was Meant to Stop Ecological Arson in Brazil's Amazon, but It Didn't*, THE NEW YORK TIMES, International Edition, October 12th-13th, 2019, p.1, 2 は、2009 年の生態系を脅かす火災は起こさない旨の合意が反故にされたことが、アマゾン火災の主原因とする。

18 E.g., Hannah Beech, *'Life on the River Is Finished': System of Chinese Dams Could Deplete Lifeblood of Expansive Mekong Region*, THE NEW YORK TIMES, International Edition, October 14th, 2019, p.1, 2 (メコン川ダム建設で、2019 年 7 月には、川の水量は最低となった。ダム建設で、漁業、農業、その他地域のエコーシステムは大きな打撃を受ける。メコン川に建設予定のダムが建設されると、かつて川下に流れた堆積物の 97% は 2040 年には失われ、農業の豊かな土壌は失われる。ラオスは陸地だけの国であり、水力発電が富を生むとして、2025 年までに 140 以上ものダムがメコン川に建設予定であり、そこに中国資本が入っている。カンボジア人口 1600 万人の約 8 割はタンパク質をこの生態系循環に頼ってきた)。

19 Christopher Flavelle, *The Food Supply Is at Dire Risk, U.N. Experts Say: Options Are Dwindling: Exploitation of Land and Climate Change Pose Grave Danger*, THE NEW YORK TIMES, August 8th, 2019, A1, A7 (国連の 52 カ国からの 100 名の専門家が、ジュネーブで、8 月 8 日に報告書を出し、世界はかつてない早さで、土地と水資源が濫用され、このままでは深刻な食糧危機になると指摘した。5 億の人々が既に砂漠化したところにすみ、土地は 10 倍ないし 100 倍のスピードで失われているとする。世界人口の既に 10% 以上が、栄養不良の状況にあるとする。しかし今は、世界中の食糧の少なくとも 4 分の 1 は、無駄にされているともいう)。

20 See, Kirk Semple & Meridith Kohut, *A Nation Pushed to the Brink: Political Struggle Brings Violence and Stagnation to Impoverished Haiti*, THE NEW YORK TIMES, International Edition, October 23rd, 2019, p.1, 4 (ハイチでは、政治的危機、つまり、J・モイズ大統領とそれへの反対運動により国中バリケードができて、物資の輸送もままならず、悲惨な状況になっている。聖十字病院では、誰が生きるか死ぬかの判断も余儀なくされている。多くのハイチ市民は、目下の危機はかつて経験したことのないものだという。ハイチは西半球の最貧困国だが、腐敗と経済的病理から価格のインフレは激しく、公共サービスは崩壊し、そのために治安は悪く、法秩序はない状況である)。

21 ハイチの災害復興に関しては、吉田邦彦「ハイチ大震災復興の民法学・居住福祉法学上の諸課題と国際貢献の意義」『法律時報』86 巻 1 号、2 号(2014)、ネパー

ルのそれに関しては、同「ネパール地震の現状と課題」『居住福祉研究』25 号(2018)
〔共に、同・前掲書(注 4)(信山社、2019)に所収〕参照。

**22** こうした中、2019 年 10 月 24 日から(私どもの会議と同時期)、ブラジル・ボ
ルソナロ大統領が中国訪問し、中国との間で、緊密な貿易協定を結び「世界経済
の持続的な発展」に資することになる旨、報ぜられているが(An Baijie, *Closer Ties Sought with Brazil: Xi Tells Bolsonaro More High-Quality Imports from Nation Are Encouraged*, CHINA DAILY, October 26th-27th, 2019, p.1, 3)、果たしてそうなるかどうか、批判的な検討
を怠ってはならないだろう。

**23** ELINOR OSTROM, GOVERNING THE COMMONS: THE EVOLUTION OF INSTITUTIONS FOR COLLECTIVE ACTION (Cambridge U.P., 1995) 59-61, 65-. See also, Margaret McKean, *The Japanese Experience with Scarcity: Management of Traditional Commons Lands*, 6 ENVIRONMENTAL REV. 63 (1982).

**24** この点に関しては、吉田邦彦「国際人権法実現システム(とくに米州・アフリカ
人権委員会・裁判所)における先住民族の権利保護の状況」(二宮正人古稀)『日本
とブラジルからみた比較法』(信山社、2019) 461 頁以下、とくに 519 頁以下参照。

## 居住福祉の本棚

# 『マイホームの彼方に—住宅政策の戦後史をどう読むか』

平山洋介著、筑摩書房、2020年、本体価格2900円

岡本祥浩（中京大学教授）

本書は、副題が示すように「住宅政策の戦後史」を持ち家が人生に与えている影響の分析を通して示している。住宅政策の通史として初学者に適しているとともに現在の政策議論にも適した書である。

著者の平山洋介氏は、評者ともども神戸大学早川和男研究室の同窓である。早川和男先生は「全ての人々の居住を実現させるためには関係する要素に関心が向かわざるを得ない」として、様々な分野と居住との関係を探求された。平山洋介氏は本書で「人生と住まい」への影響を持ち家というレンズを通して明らかにした。持ち家社会は、生活に、社会・経済に影響するが、その点を、主に政府の住宅政策が果たした役割を通して分析している。恩師早川先生は、直感的なひらめきで本質を見抜き、誰も踏み入れていなかった領域を切り開いた。他方、平山洋介氏は緻密に議論とデータを積み上げ、分析して見せている。

そこで著者が研究者として歩み始める頃、早川先生が「久しぶりに本格派の投手が現れた」と評されたことを思い出す。本書をその例えで評するなら「9回完封試合」である。

本書の論点をいくつか取り上げることで書評に代えたい。第一に研究対象を「住宅政策」そのものに限定せず、人生や住まいへのつながりとしてとらえている。この観点は早川先生の思考方法を引き継いでいると思われる。その結果、ライフコースや暮らし、政治や経済など幅広い議論が展開され、それらの住まいとの関係性が鮮やかに描き出されている。

第二に、海外での議論、特に欧州での議論や観点を援用して日本の住宅政策を分析している。この観点は新たな景色を日本だけではなく世界の研究者に開示するもので、その功績は高い評価をうるであろう。本書は持ち家を主題としているが、第二次世界大戦後の復興を終え新たな段階に入った西欧の国々、東西冷戦が終結した東欧はじめ社会主義諸国、バブル経済崩壊後の日

本で持ち家市場が住宅政策の焦点となった機会などを逃していない。欧州を中心に東西の区分や比較が研究されたが、その視野は極東に向きつつもそこに到達しなかった。日本の研究者もしかりであった。そうした経験をふまえるならば、日本を相対的に理解するには歴史という縦軸をふまえる必要があったということである。評者にとっては懐かしい面々の議論が紹介されており、国際社会との比較議論の嚆矢と言えるだろう。

　第三に、分析をマクロだけでなく、家族や個人に焦点を当てたミクロな分析も行い、改めてマクロ・ミクロの両面分析の妥当性を検証している。標準ライフコースを形成できない人々や女性、若者の問題、居住資産の継承問題も検討している。ミクロな個々人の問題を検討することで、住宅取得の困難化、住宅資産の偏在化、資産格差の拡大など社会階層間の格差を指摘している。特に、持ち家社会での住宅ローンの有無や賃貸住宅居住の費用負担による格差はあまり問われないが、高齢化の進展で住宅ローンを払い終えた持ち家層が増えるなか、借家居住層との格差拡大を指摘している。

　第四に、持ち家社会のメインストリームに乗れない人々へのまなざしが各所にちりばめられている。例えば、持ち家間の格差拡大や賃貸住宅階層への配慮に対する記述である。とくに東京圏で開発の集中するホットスポットと開発されないコールドスポット、放置される地方の住宅政策、大災害での「被災者には復興まで一定の耐乏を求めてよいと考えているのでないか」という記述もある。

　第五に、政策の分析に関する観点についてである。氏は「政策論争をする場合に政策・制度論を抜きにしていては、展望が見えない」といわれる。そこで誰を助け、誰を助けないかの「カテゴリー化」という概念は重要な機能を持っているという。「高齢」「母子」「障害」「救済に値する」などのカテゴリーは、人々を資格獲得の技術的な対応に向かわせる。そして現「住宅システム」の存在が当然という「自然化」がなされ、人々は住宅困窮の社会・政治力学に対する興味を失うという。日本型政策の新たな批判的分析視覚である。

　本書の議論は多岐にわたっているが、次への期待を述べて終わりたい。これから住宅ストックの老朽化とともにマンション持ち家や住宅の規模や設備などの質が大きな課題となることが迫っている。そのさいの日本の住宅政策の立脚点への問い掛けである。

**居住福祉の本棚**

# 『日本を襲ったスペイン・インフルエ ンザ—人類とウイルスの第一次世界戦争』
速水融著、藤原書店、2006年、本体価格4200円

神野武美（日本居住福祉学会副会長）

### 軍隊と深くかかわった大流行

2020年は、新型コロナウイルス感染症のパンデミック（世界的大流行）に明け暮れたが、100年余り前の1918年から20年にかけて猛威を振るったのが「スペイン・インフルエンザ」であった。当時はウイルス自体が発見されておらず、有効な治療法もなく、世界全体の死亡者は4000万人といわれ、日本でも内地45.3万人、外地28.7万人に達した。第一次世界大戦（1914~18年）の戦死者は約1000万人、関東大震災（1923年）が約10万5000人だからすさまじい死者である。本書の副題も「人類とウイルスの第一次世界戦争」であり、世界大戦に伴う兵士の召集や移動という軍隊と深くかかわった大流行であった。

著者の速水融氏（はやみ・あきら＝1929-2019）は、慶応義塾大学名誉教授の経済学博士。歴史人口学の先駆者であり、文化勲章の授章者である。本書は、2002~03年のSARSの流行をきっかけに新型インフルエンザの脅威が取り沙汰された時期に初版が発行され、新型コロナ禍を機に2020年5月25日に第15刷が発行された。

### 統計と新聞報道を駆使して実態を把握

本書は、日本の内地や外地における感染の広がりを当時の統計資料だけではなく、各地の新聞記事や企業の社史などの具体的な情報を拾い集めた474頁にわたる実証的な内容であり、「未知の病」に対する先人の奮闘と、人の力の限界が垣間見える。

1918（大正7）年3月に米国カンザス州の米軍駐屯地で48人が「肺炎」で死亡したのをきっかけに一般市民にも感染が広がり、それから3週間で欧州やアジアにも広がったのが流行の先触れであった。日本では、台湾を巡業した

大相撲の力士のうち3人が死亡し、横須賀の軍港に停泊した軍艦をはじめ夏にかけて各地の連隊で発病者が多発した。

　第一次世界大戦中の国々は流行を発表しなかったが、中立国スペインで同年5,6月に800万人の罹患が明らかになり、それが「スペイン・インフルエンザ」と称された所以である。

　流行は、戦局に大きな影響を及ぼした。フランス北部の西部戦線ではドイツ軍の前線兵士たちが戦意を喪失し、対峙するフランス軍やイギリス軍も感染し部隊の動きを鈍らせた。ただ、これ自体の死者数は比較的少なく、「春の先触れ」と位置づけられている。

### 戦争が生み出した「密」の空間

　1918年8月後半、ウイルスは、フランスか、あるいはアフリカの港町で変異し凶暴化し感染力が強まった。艦船を通じて世界中に広まり、米軍の戦没者約10万人のうち8割はスペイン・インフルエンザによる病死といわれる。当時の新聞記事によると、日本には9月に襲来し軍隊や学校を起点に3週間のうちに全国に広がり、新聞紙上に「流行感冒　猖獗」の見出しが躍った。その流行は、「前流行」(1918年秋〜19年春)と「後流行」(19年12月〜20年春)と二波に及び、公式統計では、「前流行」は内地の全人口の38%、2116万人が罹患し、25.7万人以上が死亡。「後流行」は241万人が罹患し12万7000人が死亡したとある。しかし、平常年と流行年の死亡水準を比較する「超過死亡」を計算すると、死者は計45万人に達した。前流行は罹患者が多いが死者は相対的に少ない。後流行は、死亡率は高いが、前流行で免疫ができた人が多く罹患者は少なかったと推測している。

　2020年2月、横浜港に入港したダイヤモンドプリンセス号のコロナ感染を思い出させる、船という閉ざされた「密」の空間の恐ろしさを見せつけたのが、1918年11月にシンガポールに入港した軽巡洋艦「矢矧」である。流行性感冒の予防に注意し、行先限定で2日間だけ1日4時間の下船を認めたところ、乗員469人の65%が罹患し、48人が死亡する悲劇となった。

### 大惨事はなぜ、忘れ去られたのか？

　政府の対策は有効だったのか？

うがい、マスク、人ごみを避けるなどの励行、学校の休校など今と同じような対処法が取られたが、満員電車や興行は規制されなかった。ジフテリアなどの予防ワクチンも投与されたが、むろん効果は全くなかった。ただ、これほどの大惨事がなぜ、忘れ去られたのだろうか? 著者は、死者が人口の1% 以下と全体的に見れば少ない、関東大震災(1923 年)のような物的被害が少なかった。第一次世界大戦への関心が勝った、都市化と工業化の進む時代の境目だったと推理する。

　居住福祉学的な視点では、兵営など狭い「密」となる空間ができると感染症は広まりやすいので、それを招く大都市集中を解消すべき、という結論になるのかもしれない。

**居住福祉の本棚**

# 『格差は心を壊す　比較という呪縛』

リチャード・ウィルキンソン＆ケイト・ピケット著、

川島睦保訳、東洋経済新報社、本体 2800 円

阿部正美（徳島大学大学院士医学科公衆衛生学博士課程）

　本書は、「新しい生活様式」が求められている私たちへ向けた提案書である。しかも科学的根拠に基づく 512 編の学術出版物と具体例を用いて「格差」をうみだす社会的な諸要因をわかりやすく解説し、どのようにすれば幸せな新しい社会を構築していけるのかを示している。

　本書の著者 リチャード・ウィルキンソン氏は、経済史と疫学を修めた経済学者であり、公衆衛生学者である。共著者であるケイト・ピケット氏は、人類学と栄養学を修めた疫学者である。母集団で生じる事象と複数の因子との関連を明らかにする疫学が彼らの共通項である。疫学というと難しく感じるが、彼らによると「一言でいえば、不平等な社会での生活は、私たちのものの考え方や感じ方、さらには人間関係にどのような影響を与えるのかを分析」していて一般の人びとにも、わかりやすく解説している。一般向けにわかりやすく精緻な編集作業を重ねた背景には、「国民全体が長い間、得体の知れない、やたらにパワフルなだけの社会的要因によって振り回されてきた。その正体を科学的根拠に基づいて正しく理解できれば、それらが引き起こしてきた人間や環境への深刻な問題を解決するうえで大きな助けになる」ためだと述べている。

　第一章では、「"顕示的消費" の時代」のなかで不平等の拡大が社会的地位の存在を際立たせ個人の能力（おカネやブランドなどの持ち物）が価値判断の指標とされ、私たちを不安にさせてきた要因と弊害、物質主義を改めるための方策を提示している。第二章以降の各章では、邦訳のサブタイトル「比較という呪縛」さながらの課題が示されていく。第二章「格差は私たちの自信を打ち砕く」は、精神障害や不安症などを生み出す環境や社会とは何か、支配行動システム（DBS）を用いた研究を紹介し、不平等と関連する支配・従属の関係や所得格差が社会にもたらす影響を紹介している。第三章「格差で私たち

は誇大妄想狂になる」では、自己愛、精神病質、特権意識の代表的な論文と
ともに具体例としてトランプ大統領の言葉などを示した。第四章「格差は私
たちを中毒に追いやる」では、アルコールや薬物、買い物依存などの中毒と
所得格差との関係、不平等な先進国と子どもの福利の関係などを示し、「私た
ちは社会的評価に過敏になり、状況次第では自らに害が及ぶまでそれを追求
しようとする」人間の本性を示すとともに、国民の福利を改善するための方
向性を示した。第五章「人は根っから利己的にできているという誤解」では、
狩猟採集社会では公平さが重視されてきた歴史などを文化人類学者らによる
文献により証明し、利他的な人間の側面について触れ、「物質的な格差を是正
することで、国民全体の福利や社会関係の質を改善できる」と述べた。第六
章「生まれつきの能力差が格差を生むという誤解」では所得格差と人間能力に
ついて遺伝子説 VS 環境説などが紹介され、所得格差が子どもに及ぼす影響
の具体例(学力や子供の福利など)を示し、第七章「上流の文化はすべて一流で
あるという誤解」では、「不平等な社会では、地位が高くなるほど行動が反社
会的になる」という示唆に富んだ事例や、遺伝(人種)に関する誤解を根拠あ
る文献とともに紹介している。これら各章の課題に対し、残る二章(第八章「な
ぜ格差と環境問題の解消を同時に考えるのか」、第九章「人類と地球のために、生
産活動を見直そう」)では、環境に配慮した新技術の発明と「社会的な人間関係
や社会環境の改善」が見込まれるとして社会不安を軽減するための取組みの
必要性を述べている。具体的には「平等性を高めるには、富裕層と貧困層の
税引き前所得の格差を縮小するか、累進税率の適用や社会保障給付の拡大で
所得の再分配を行わなければならない」と提案している。本章で展開されて
きた学術的な知見を社会実装するために必要な具体策として、付録(「社会を
改善したいと望むなら、まず行動を起こすことだ」の一言から始まる)では著者
らが 2009 年に設立した国民福利の持続的な発展を推進するための団体「イク
オリティ・トラスト」における社会活動家としての活動を発信している。

　さらに居住福祉研究を学ぶ私たちにとって極めつけともいえる社会問題
ごとに関連研究をまとめた一覧表がある。

　ともかく本書は、著者の社会変革に対する情熱と覚悟が凝縮された私たち
への提案書である。

## 居住福祉の本棚・アーカイブ　早川精神を伝える

# 『居住福祉』

早川和男著、岩波新書、1997 年、本体価格 640 円

李　桓（長崎総合科学大学准教授）

　感染病が世界的に流行する時、「ステイホーム」が求められているが、「在宅」の難しさや課題も一面、見える。一方、近年顕著になっている「集中豪雨」が、今年も例外なく広範囲の被害をもたらしている。「安心居住」が脅かされるこの不穏の時代にこそ「居住福祉」の重要性が再考される。

　「居住福祉」の概念は、1990 年代ごろ早川和男によって提唱され、『居住福祉（岩波新書、1997 年）において初期的な理論の試みが意欲的に行われた。書物の誕生の背景には阪神・淡路大震災という大きな出来事に加え、高齢社会の到来に対応できない居住基盤の脆弱さが露呈した時であった。「わたしたち日本人と日本社会は、住居の大切さについて、これまでにあまり深く考えてこなかった。その重要性が、高齢社会化やホームレス問題、阪神・淡路大震災などさまざまなかたちであらわれている……。住まいの充実は二一世紀の日本社会の中心課題のひとつ」、と「はしがき」に書かれている。これは、住居の疎かな現状に対する警告でもある。

### 1)「住居」と密接する「居住福祉」

　「居住福祉」の定義はわざわざ施されていないが、「はしがき」には「わたしたちの住んでいる家や町や村や国土そのものが福祉となるような、いわば「居住福祉」の状態にしていく必要がある」とあり、「人間にふさわしい居住が、いのちの安全や健康や福祉や教育やほんとうの豊かさや人間としての尊厳を守る基礎であり、安心して生きる社会の基盤である」とある。つまり、生活の基礎とその福祉は「住居」にあり、家から国土までの様々なレベルの居住環境こそが人間らしく生きる本質的で先行的条件であり、お金やサービスのような末端的条件だけではない。人間の生涯を、橋を渡ることに喩えると、その橋の一番基礎に位置するものは「住居」である（後章の挿絵）。この礎はなけれ

ば、橋そのものが崩れ、人生は渡れない。

　なぜお金でもではなく、食料でもなく、「住居」が本質的なのか、ぴんと来ない人もいよう。早川の論理としては、生存条件としての「衣食住」のうち、「住」は「衣食」のような消費的で個人的な生活手段と違い、「命を守り、日々の生活行為の場」として、「日々の疲れを癒し、労働の根拠地とし、家族が暮らし、子供が成長し、お年寄りがこころ静かに憩える」などの役割があるからである。

　漢字文化を基礎とする筆者は、語源の意味から理解できる。漢字の「居」は「住む」やその場所である「住居」のほか、「存在」を表すことにも用いられ、日本語でいう「居る」という表記である。例えば「居安思危」(『書経』)とは安定した環境に居ても危険を考慮する、という意である。存在することの自覚は「居」であり、その自覚を確かなものにさせてくれるものは「住居」である。「居る」ことと「住居」との同源的な関係は早川理論をサポートすると考える。中国古典の『易』「繋辞」には「上古穴居而野処、後世聖人易之以宮室」(上古の時代に、人は野に暮らし洞窟に住む。後世の聖人はこの状態を「宮室」に住むように変えた)とある。人間が野生から文化へと変わる条件は住居であることが、この文によって示される。人間らしい生活は良き「住居」によって支えられる。

### 2)災害時に現れる「居住福祉」の脆弱さ

　日本の現代社会は「住宅難」の時代を乗り越え、いわゆる「住宅問題」は表面的にはそれほど目立たない。世間は現状に安住して、多くのことを問わない。「居住福祉」が育たない遠因はこの現状容認に隠されているかもしれない。「現代の日本人は、『居』の貧困によって、ゆとりのある人間性が養われていないのではないか」、「国民精神の荒廃は住まいの貧しさに起因する」、と「序章」では鋭く指摘される。

　『居住福祉』は、「阪神・淡路大震災に学ぶ」、「健康と住宅」、「高齢者を居住福祉」の3章で事例データを踏まえて、居住をめぐる問題点を切り出している。別々の事例展開に見えるが、背後には「安全」、「健康」、「輔助」という住居に関わる最も根幹的な側面が押さえられているように思う。しかし、普段、住まいについて疑問を持ち、問題について気づく人がどれほどいるのであろうか。いざ非常時となると、居住基盤が生命を守らないことが露呈して始めて気づかれる。筆者は阪神・淡路大震災の経験者として、自分の住んでいた県営住宅が半壊で済んだが、町中の悲惨な被害状況は今も記憶に新しい。近

年、毎年のように水害が発生し、頑丈な鉄筋コンクリートの施設でも中で高齢者が命を奪われる。気象、土木、防災システム、ハザードマップ、そして国土強靱化計画など、研究も技術も政策も投入されてきたが、問題の核心への切り込みは少ないように感じる。『居住福祉』はこう指摘する。「震災の犠牲は戦後の住宅土地政策、都市計画、建築行政のつけであった。低水準住宅を国土に累積させ、地震をつうじてその実態を目に見えるかたちであらわした」と。地震のほかにも、いろいろと問題が見える。

### 3)「社会的予防医学」としての「居住福祉」

　「居住福祉原論」の章では「社会的予防医学」の考えが挙げられている。「住宅政策や都市計画は、人びとの生活、健康、人間発達、豊かな人生を変えるとともに、不良住環境による社会的費用の発生を防ぐ『社会的予防医学』及び『予防福祉』機能をもつ」とあり、また、「住居は個々の家族が使用する私的な使用財であり個人の財産であっても、その全体は社会的な存在である」と、住宅の「社会資産」的な性格を重要性が述べられている。住環境の「予防医学」的な考え方は、筆者が中国の歴史の中からも見出したことがあり、共通の着眼点に興味深く感じている。儒家や道家の一部によって理論が試みられ、現在では市井の占いに化してしまった「風水」の考えには、まさしく居住環境が無病息災の重要条件とされ、慎重な計画が求められていた。薬の必要性を否むものではないが、それは病気になってからの対処法であって、居住環境こそが病気になる以前の、病気にならぬための対処法であり、いわば「先天」を整える本質的な処置、という考え方である。

　早川和男が別の書物『私の研究生活小史2008』（早川和男先生の喜寿を祝う会発行）の中で執筆のきっかけに触れ、『住宅貧乏物語』（岩波新書、1979）は日本の住宅問題の診断書とすれば、『居住福祉』はその「処方箋」だという。『居住福祉』の4章では、シャルル・フーリエやロバート・オウエンの実践に触れ、「社会的な装置の構築による生活共同体」に可能性を見た。社会的取組み、政策の重要性が特に意識されていたように読み取れる。書物が世に問うってから既に20数年経ち、扱っている事例もだんだんと古くなっていくが、背後に隠れている深い思想性は色褪せることなく、今日の新しい課題に際しても啓示を与えつづけているように感じる。

# 『居住福祉研究』編集規程

2008 年 5 月 24 日

改正　2009 年 5 月 9 日

第1条　本規程は、居住福祉学会の学会誌『居住福祉研究』（以下、本誌と略す）
　　　の編集、刊行に関する事項を定めるものとする。

第2条　本誌は、主として本会会員による居住福祉研究の成果発表にあてる。

第3条　本誌は、年2回、刊行する。

第4条　本誌の編集、および刊行のために編集委員会を設置する。

　　　(1) 編集委員会は、編集委員15名程度（内、編集幹事若干名）によって構成する。

　　　(2) 編集委員は、理事会において、理事の中から選任される。

　　　(3) 編集委員の任期は2年とし、再任を妨げない。

第5条　編集上の重要な事項は、理事会と協力の上で決定する。

第6条　本誌は、以下の論文等を掲載する。

　　　(1) 論文

　　　(2) 居住福祉評論

　　　(3) 学会関係諸行事等の記録

　　　(4) その他、編集委員会が必要と認めたもの

第7条　第6条(1)の論文は、下記によって構成する。①②については、レフェ
　　　リーによる査読の結果に基づき編集委員会が修正の指示および採否の決
　　　定を行う。レフェリーは、編集委員会が選定する。

　　　①学会大会発表のうち編集委員会が依頼したもの

　　　②自由投稿論文（未発表のものに限る）

　　　③編集委員会からの依頼によるもの


　附則 (1) 本規程は、2009年5月9日から施行する。

　　　(2) 本規程に関わる投稿規程、執筆要項等は、編集委員会が別途定め、
　　　理事会の承認を得るものとする。

　　　(3) 本規程の変更は、日本居住福祉学会総会の議を経ることを要する。

# 『居住福祉研究』投稿規程

2008 年 5 月 24 日

1. 本誌の自由投稿論文及び居住福祉評論は、日本居住福祉学会会員による居住福祉に関わる研究論文及び評論（日本語）とする。共同執筆の場合は、代表者が本学会の会員であることを要する。なお、本学会の会員とは、日本居住福祉学会規約第 5 条の要件を充足したものとする。

2. 自由投稿論文・評論ともに、他に未発表のものに限る。内容が重複・類似した、既発表または他誌に投稿中の場合、投稿者は必ず当該論文等のコピーを 3 部添付することとする。編集委員会で協議し受理の諾否を決定する。

3. 投稿者は、別途定める執筆要項（形式、字数など）に従い、ワープロで、オリジナル原稿 1 部とそのコピー 3 部の計 4 部を作成する。原稿には下記を記入する。

    なお、コピーには、執筆者名、およびその所属は記入しない。

    執筆者名、所属、職名（含む、大学院生）、連絡先（住所、電話番号、ファックス番号、メールアドレス）、論文の和文題目

4. 投稿者は、原稿およびその内容を格納した電子媒体を、編集委員会事務局宛に送付する。提出するファイルは、ワードないしは一太郎、エクセルによるものとし、その他の場合は、テキストファイルに変換したものとする。事務局に直接持参して提出することは認めない。

5. 自由投稿論文の修正の指示、ならびに掲載の可否は選定されたレフェリーの査読結果に基づき、編集委員会が決定する。

6 査読終了後、掲載が決定した場合、投稿者は、必要な修正を行った上で、完成稿 1 部、その内容を格納した同上電子媒体を提出する。

7. 著者校正は初校のみとする。なお、校正原稿の授受は電子メールで行う。

8. 投稿原稿は、掲載の可否にかかわらず、返却しない。

# 『居住福祉研究』執筆要領

2008 年 5 月 24 日
2018 年 12 月 22 日改定
2019 年 8 月 28 日改定

1. 査読論文は、15,000 字以内(英文概要込み)、その他の論文(評論を含む)は、12,000 字以内とする。図表は、A4 判で 1/4 ページの場合は 400 字、1/2 ページの場合 800 字に換算する。

2. 原稿は、A4 判、横書き、1 ページ全角 35 字×30 行、10.5 ポイントで印字する(空白部分は上記分量に含まない)。ただし、英数字は原則として半角とする。査読論文は、論文タイトル(日本語・英文両方)、キーワード(日・英 3 語程度)の他、英文概要を 300 ワード以内で付する。

3. 文体等は、次の通りとする。

    (1)「である調」の文体。

    (2)現代仮名遣い、常用漢字を使用し、句読点は「、」と「。」を採用する。

    (3)文中の敬称は一切、省略する。

    (4)送り仮名、漢字等の統一は、ワード・ソフトの校正ツールにより、執筆者が行う。

4. 図表には、通し番号(図 1、図 2、... 表 1、表 2、...)でタイトルをつける。その場合、図、表ごとに別紙(別ファイル)に作成し、本文中に挿入箇所を指定する。図表が出版物からの引用の場合は、出典を明記し、必要に応じて著作権者の許可を得なくてはならない。

5. 注は、本文中の該当箇所に、右肩上付きで、1)、2)、3)、... と順に示し、注自体は本文の後に一括して記載する。

6. 参考文献は、注の後に一括して記載する(著者名のアルファベット順)。書籍は、著者名・編者名、発行年(西暦)、書名、出版地(和書の場合は省略)、出版社の順に、論文は、著者名、発行年、論文名、掲載誌名、巻、号(または、編者名、収録書名、出版社)、該当ページの順に記載する。欧文の書名、掲載誌名は、イタリック体(ないしは、アンダーラインを引く)とする。なお、WEB からの引用の際には URL とともに引用日を掲載する。文献挙示の例は、以下の通りである。なお、注、参考文献は、上記 1 の分量に含まれる。

    例・早川和男(1997)『居住福祉』岩波書店
    　・Clapham. D. (2005) *The Meaning of Housing*, The Policy Press.

7. 投稿原稿に利用したデータや事例等について、研究倫理上必要な手続きを経ていることを本文または注に明記すること。また、記述においてプライバシー侵害がなされないように注意すること。

8. 査読による修正の要請については、論文の修正箇所を明示し、対応の概要について編集委員会あてに回答すること。

# 日本居住福祉学会刊行物一覧

『**居住福祉研究**』　　　第 1 号、4 号頒価 2000 円。第 2、3、5 号頒価 2500 円

購入希望者は、学会事務局まで申し込んでください。

6 号以降は市販しておりますので、書店または東信堂に注文してください。

『**居住福祉ブックレット**』(東信堂、各巻本体 700 円、19 巻本体 800 円)

1　居住福祉資源発見の旅　　（早川和男）
2　どこへ行く住宅政策　　　（本間義人）
3　漢字の語源にみる居住福祉の思想
　　　　　　　　　　　　　　　　（李桓）
4　日本の居住政策と障害をもつ人
　　　　　　　　　　　　　　（大本圭野）
5　障害者・高齢者と麦の郷のこころ
　　　（伊藤静美・田中秀樹・加藤直人）
6　地場工務店とともに　　　（山本里見）
7　子どもの道くさ　　　　　（水月昭道）
8　居住福祉法学の構想　　　（吉田邦彦）
9　奈良町の暮らしと福祉　　（黒田睦子）
10　精神科医がめざす近隣力再建
　　　　　　　　　　　　　　（中澤正夫）
11　住むことは生きること　（片山善博）
12　最下流ホームレス村から日本をみ
　れば　　　　　　　　　（ありむら潜）

13　世界の借家人運動　　　　（髙島一夫）
14　「居住福祉学」の理論的構築
　　　　　　　　　　（柳中権・張秀萍）
15　居住福祉資源発見の旅Ⅱ　（早川和男）
16　居住福祉の世界 早川対談集（早川和男）
17　岩手県西和賀町のまちづくり
　　　　　　　　（高橋典成・金持伸子）
18　「居住福祉資源」の経済学　（神野武美）
19　長生きマンション・長生き団地
　　　　　　　　（千代崎一夫・山下千佳）
20　高齢社会の住まいづくり・まちづくり
　　　　　　　　　　　　　　（蔵田力）
21　シックハウス病への挑戦
　　　　　　　　（後藤三郎・迎田允武）
22　韓国・居住貧困とのたたかい：
　　居住福祉の実践を歩く　　（全泓奎）
23　精神障碍者の居住福祉　（正光会編）

『**居住福祉叢書**』(東信堂)

1　居住福祉産業への挑戦（鈴木静雄・神野武美編）　本体 1400 円

2　ひと・いのち・地域をつなぐ―社会福祉法人きらくえんの軌跡

（市川禮子著）本体 1800 円

『**居住福祉研究叢書**』　第 1 巻　居住福祉学の構築、第 2 巻　ホームレス・強制
立退きと居住福祉、第 3 巻　中山間地の居住福祉、第 4 巻　国際比較・住宅
基本法：アメリカ・フランス・韓国・日本、第 5 巻　災害復興と居住福祉

信山社、各本体 3200 円

## 2020年6月〜2021年5月　日本居住福祉学会運営体制(以下、敬称略)

## 編集後記

本号は新型コロナ禍のなか、神野武美編集委員から「コロナ危機をふまえ、将来に向けて、緊急対策の在り方、中期的、長期的展望などについて提言」を会員から頂こうということで居住福祉研究29号で募集しました。その内容を掲載するものです。居住福祉の各専門領域の方々から、何が起きているのか実態と課題の提言がなされています。

会員の皆様のお陰で、何とか特集の体裁を整えることができました。ご協力ありがとうございました。

このコロナを機に、社会・経済の構造転換が迫られていることを強く感じました。

昨年は、学会の大会および理事会もすべてオンラインで行われ、慣れない私は相当に苦戦した一年でした。時代の技術を持たない人は学歴に関係なく失業するという、構造的失業の対象になる者として実感しました。しかし「技術の進歩は何のためにあるのか」、技術の進歩が人間を苦しめる方向に行くことは絶対に阻止せねばなりません。また、「ステイ・ホーム」で家に閉じこもりとなり、人とのコミュニケーションが希薄になると精神的におかしくなります。人間にとってコミュニケーションがいかに重要であるか、食住と同レベルで生きる根源にかかわることであることも感じました。

昨年末から年始にかけ、日本ではコロナ感染者は倍々ゲームに増大し、英国や南アフリカでは、コロナの変異種が発生し、ワクチンが効かないかもしれないとも言われている。

コロナの収束は見通せず予断を許さない状態です。今後も引きつづいて、特集にコロナ問題を取り上げる計画であります。

このパンデミックを経験し、人間のこと、社会のこと、より人間らしい生きやすい社会をどう構築するか考える機会となり、居住福祉および居住福祉社会の今後の在り方に活かす必要があります。 （大本圭野）

---

ご原稿は下記編集部アドレスにメールでお送り下さい。
k-ohmto@jcom.zaq.ne.jp

上記以外の査読論文用の投稿は、以下のメールアドレスにファイル添付でお送りください。
学術委員会担当 全泓奎：jeonhg@osaka-cu.ac.jp

---

**居住福祉研究30** 提言 新型コロナ危機と居住福祉の課題

2021年3月5日初版第1刷発行

◇編集 ©日本居住福祉学会 編集委員会

◇発行 株式会社 東信堂

日本居住福祉学会事務局
〒945-1195 新潟県柏崎市藤橋1719
新潟工科大学工学部工学科 黒木宏一研究室内
TEL & FAX 0257-22-8205
e-mail kurogi@niit.ac.jp

株式会社 東信堂
〒113-0023 文京区向丘1-20-6
TEL 03-3818-5521 FAX 03-3818-5514
e-mail tk203444@fsinet.or.jp
URL http://www.toshindo-pub.com/

ISBN 978-4-7989-1685-9 C3036

東信堂

**東信堂**

**〔コミュニティ政策叢書〕**

日本コミュニティ政策の検証
——自治体内分権と地域自治へ向けて　　　　山崎仁朗編著　四六〇〇円

高齢者退職後生活の質的創造
——アメリカ地域コミュニティの事例　　　　加藤泰子　三七〇〇円

原発災害と地元コミュニティ
——福島県川内村奮闘記　　　　鳥越皓之編著　三六〇〇円

自治体行政と地域コミュニティの関係性の変容と再構築
——「平成大合併」は地域に何をもたらしたか　　　　役重眞喜子　四二〇〇円

さまよえる大都市・大阪
——「都心回帰」とコミュニティ　　　鯵坂学・徳田剛・西村雄郎・丸山真央編著　三八〇〇円

地域のガバナンスと自治
——平等参加・伝統主義をめぐる宝塚市民活動の葛藤　　　　田中義岳　三四〇〇円

地域自治の比較社会学——日本とドイツ　　　　山崎仁朗　五四〇〇円

米国地域社会の特別目的下位自治体
——生活基盤サービスの住民参加実際のガバナンス　　　　前山総一郎　三六〇〇円

住民自治と地域共同管理　　　　中田実　三四〇〇円

**〔地域社会学講座　全3巻〕**

地域社会学の視座と方法　　　　似田貝香門監修　二五〇〇円

グローバリゼーション/ポスト・モダンと地域社会　　　　古城利明監修　二五〇〇円

地域社会の政策とガバナンス　　　矢澤澄子・岩崎信彦監修　二七〇〇円

**〔シリーズ防災を考える・全6巻〕**

防災の社会学〔第二版〕
——防災コミュニティの社会設計へ向けて　　　　吉原直樹編　三八〇〇円

防災の心理学——ほんとうの安心とは何か　　　　仁平義明編　三二〇〇円

防災の法と仕組み　　　　生田長人編　三二〇〇円

防災教育の展開　　　　今村文彦編　三二〇〇円

防災と都市・地域計画　　　　増田聡編　続刊

防災の歴史と文化　　　　平川新編　続刊

---

〒113-0023　東京都文京区向丘 1-20-6　　TEL 03-3818-5521　FAX03-3818-5514　振替 00110-6-37828
Email tk203444@fsinet.or.jp　URL:http://www.toshindo-pub.com/

※定価：表示価格（本体）＋税